ビフォーとアフターが一目でわかる

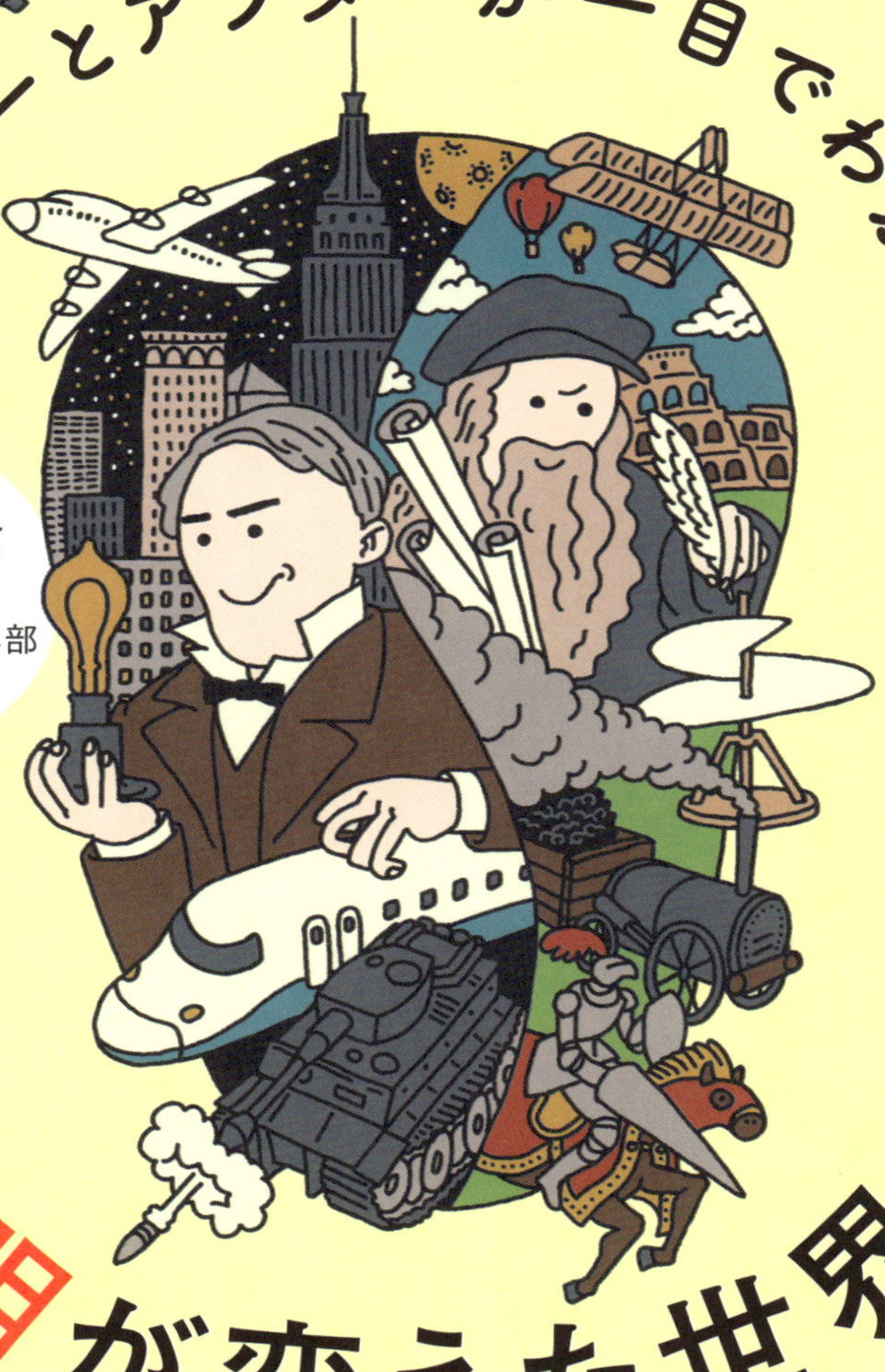

祝田秀全
監修
かみゆ歴史編集部
編

発明が変えた世界史

朝日新聞出版

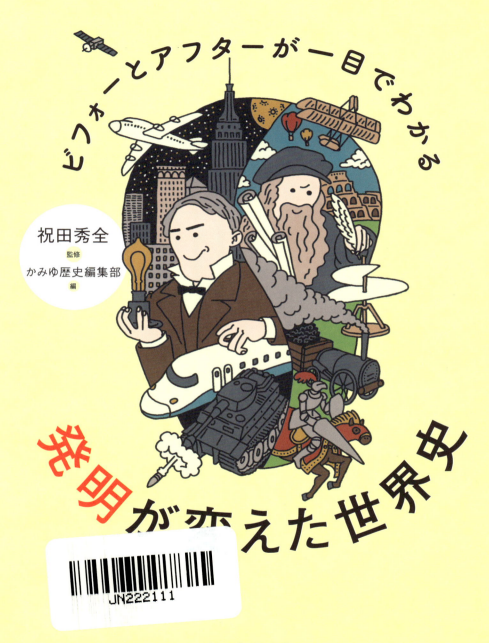

はじめに

発明とは、新たに生み出された方法や技術のことです。人類は道具をつくり、自然を観察しながら様々な発想で生活を豊かにしてきました。つまり、人類の歴史は発明の歴史ともいえます。

文字があれば、その場にいない人に思いを伝え、記録を残すことができます。船は、川や海を越えて人や物を運搬することを可能にした発明です。時計や暦が発明されることによって、人は計画が立てられるようになりました。他にも建築、医療、コミュニケーションなど、ありとあらゆる分野に発明はあるのです。


発明が世界史の大きなトピックスと直接結びつくこともあります。活版印刷が聖書の普及に貢献し、宗教改革が起きました。羅針盤の発明は遠洋航行を可能にし、大航海時代が始まりました。こうした関係性を見ることによって、世界史に新たな面白さを発見してもらいたい、本書はそうした目的でつくられました。

そのため、発明品が誕生した背景や、誕生前の社会を右ページに、発明が人や社会にどんな変化をもたらしたのかを左ページに解説し、ビフォー・アフターを一望できるように工夫しています。

本書が紹介するのは時代ごとに社会に大きな影響を与えた60の発明です。

1章は古代。いまだに進化し続ける基本的な技術が生まれています。2章は中世から近世。火薬・

羅針盤・活版印刷という世界三大発明が登場した時代です。3章は産業革命が起きた17～18世紀。蒸気機関の発明が大量生産を促しました。4章は19世紀。帝国主義が全盛となり、植民地開発のために技術が使われました。5章は20世紀の前半。2度の世界大戦があり、優れた技術は戦争に転用され、戦争とともに発展しました。6章は20世紀後半以降を扱います。コンピュータやインターネットに代表されるITによって社会が大きく変化していく時代です。

なお、発明には発見や技術改良、実用化も含まれています。古くから存在してもその後の技術革新などが社会に大きなインパクトを与えた場合は、その時代の章で紹介しています。

誰もが使えるようになるまで何度も改良をされてきたもの、既存の技術を組み合わせて革新的なものが誕生することもあります。発明品はある日突然、生み出されたわけではありません。それこそ歴史があるのです。

現代人は発明に囲まれて生活しているといっても過言ではありません。そして、今ではそれらは〈あたりまえ〉になっています。人々の知恵と工夫がどのようにして歴史を塗り替えていったのか、見ていきましょう。

祝田秀全

ビフォーとアフターが一目でわかる

発明が変えた世界史

もくじ

第3章 17～18世紀の発明

第4章 19世紀の発明

本書は2024年12月時点の情報を掲載しています

本書の見方

こう変わった!
「なにが起きた?」で解説した発明品の誕生によって、歴史がどう変化したのか解説

なにが起きた?
発明品が生まれたきっかけや経緯について解説

発明アイコン
そのページで紹介する発明品をイラストで示します

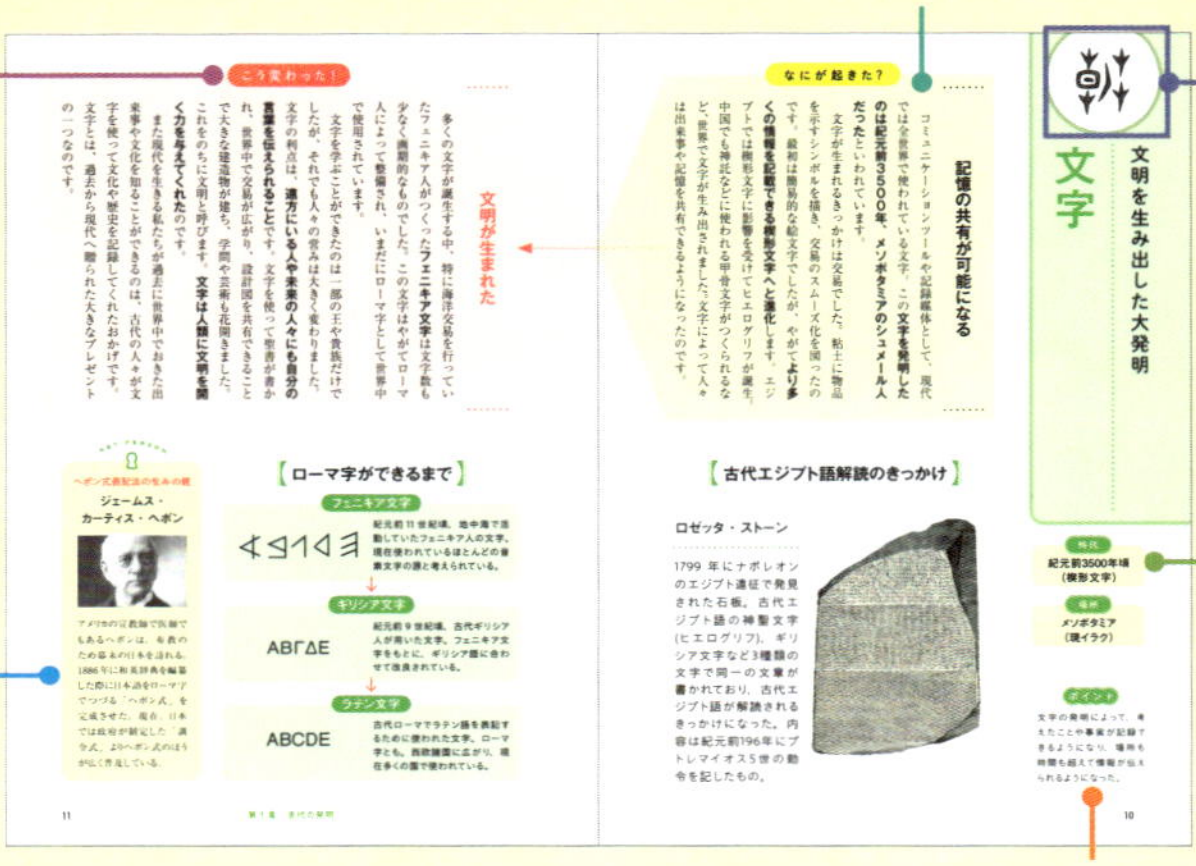

データ
発明された時代や場所、発明者を紹介。古くから原型が存在するものでも、技術革新を経てから普及した発明品に関しては、その時代で掲載しています

ポイント
重要事項を端的に解説

コラム
「KEY PERSON」「マメ知識」「日本では?」の3つのコラムを設け、発明に関する人物などについて紹介しています

さらなる進化をたどる
社会に大きなインパクトを発明品はその後も改良を重ねて現在の姿になっていきます。どのような課題を乗り越えてきたのか、その進化の過程を紹介します

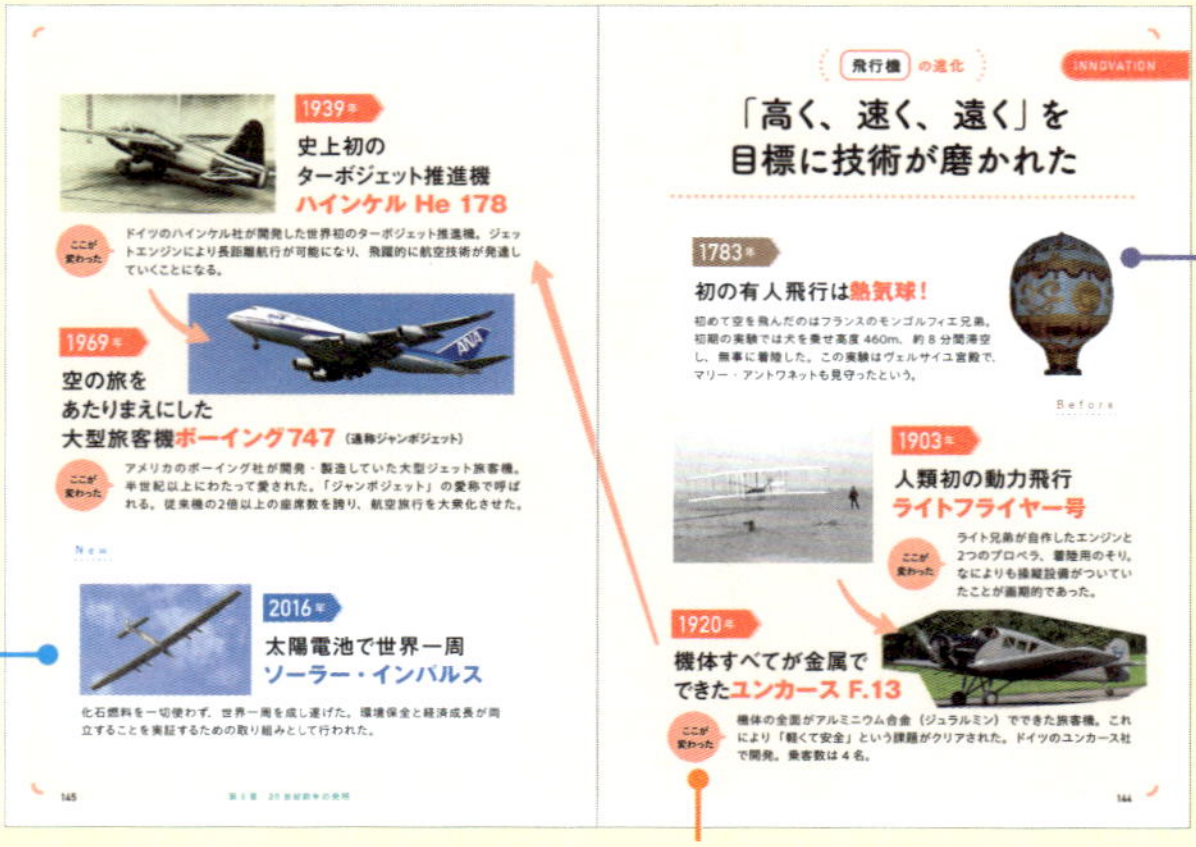

Befor
社会に大きな革新を起こした発明の前には、どんな技術があったのかを見ていきます

New
最新技術はどこまできているのか、どんな可能性があるのか紹介します

ここが変わった
用途の広がりや、一般に普及する画期的な改良点を解説しています

第 1 章

古代の発明

人類は道具をつくり、使うことで暮らしを豊かにしてきました。
ここで紹介する発明は、どれも今ではあたりまえですが、
その誕生は決して突然でも簡単でもなかったことでしょう。
古代の発明は歴史上最も偉大なものといえます。

文字

文明を生み出した大発明

時代

**紀元前3500年頃
（楔形文字）**

場所

**メソポタミア
（現イラク）**

ポイント

文字の発明によって、考えたことや事実が記録できるようになり、場所も時間も超えて情報が伝えられるようになった。

なにが起きた？

記憶の共有が可能になる

コミュニケーションツールや記録媒体として、現代では全世界で使われている文字。この**文字を発明したのは紀元前３５００年、メソポタミアのシュメール人だった**といわれています。

文字が生まれるきっかけは交易でした。粘土に物品を示すシンボルを描き、交易のスムーズ化を図ったのです。最初は簡易的な絵文字でしたが、やがて**より多くの情報を記載できる楔形文字へと進化**します。エジプトでは楔形文字に影響を受けてヒエログリフが誕生。中国でも神託などに使われる甲骨文字がつくられるなど、世界で文字が生み出されました。文字によって人々は出来事や記憶を共有できるようになったのです。

【古代エジプト語解読のきっかけ】

ロゼッタ・ストーン

1799年にナポレオンのエジプト遠征で発見された石板。古代エジプト語の神聖文字(ヒエログリフ)、ギリシア文字など3種類の文字で同一の文章が書かれており、古代エジプト語が解読されるきっかけになった。内容は紀元前196年にプトレマイオス5世の勅令を記したもの。

こう変わった！

文明が生まれた

多くの文字が誕生する中、特に海洋交易を行っていたフェニキア人がつくった**フェニキア文字**は文字数も少なく画期的なものでした。この文字はやがてローマ人によって整備され、いまだにローマ字として世界中で使用されています。

文字を学ぶことができたのは一部の王や貴族だけでしたが、それでも人々の営みは大きく変わりました。文字の利点は、**遠方にいる人や未来の人々にも自分の言葉を伝えられること**です。文字を使って聖書が書かれ、世界中で交易が広がり、設計図を共有できることで大きな建造物が建ち、学問や芸術も花開きました。これをのちに文明と呼びます。**文字は人類に文明を開く力を与えてくれた**のです。

また現代を生きる私たちが過去に世界中でおきた出来事や文化を知ることができるのは、古代の人々が文字を使って文化や歴史を記録してくれたおかげです。文字とは、過去から現代へ贈られた大きなプレゼントの一つなのです。

KEY PERSON

ヘボン式表記法の生みの親

ジェームス・カーティス・ヘボン

アメリカの宣教師で医師でもあるヘボンは、布教のため幕末の日本を訪れる。1886年に和英辞典を編纂した際に日本語をローマ字でつづる「ヘボン式」を完成させた。現在、日本では政府が制定した「訓令式」よりヘボン式のほうが広く普及している。

【ローマ字ができるまで】

フェニキア文字

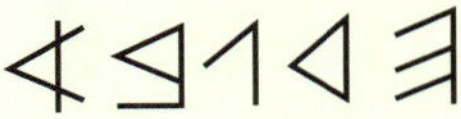

紀元前11世紀頃、地中海で活動していたフェニキア人の文字。現在使われているほとんどの音素文字の源と考えられている。

↓

ギリシア文字

ABΓΔE

紀元前9世紀頃、古代ギリシア人が用いた文字。フェニキア文字をもとに、ギリシア語に合わせて改良されている。

↓

ラテン文字

ABCDE

古代ローマでラテン語を表記するために使われた文字。ローマ字とも。西欧諸国に広がり、現在多くの国で使われている。

人々に経済活動をもたらした

貨幣

時代

紀元前7世紀頃

場所

リディア王国（現在のトルコ）

ポイント

物々交換の時代を経て、貨幣が登場するようになると、商取引が発展。その結果、経済が生まれ、貧富の差が生じた。

なにが起きた？

富の蓄積ができるようになった

かつて人類は、物々交換で必要な品を手に入れました。しかし交換先を探すのは手間がかかる上、常に同価値の物と交換できるとは限りません。そこで**共通した価値を持つ物として貨幣（お金）が発明されたのです。**

貝や青銅器のリングといった簡易的な貨幣を経て、紀元前7世紀にリディア王国（現トルコ領）で**世界最古の金と銀の合金硬貨（エレクトロン貨）**が誕生します。また中国で11世紀に興った北宋王朝では手形から発展した**交子という世界最初の紙幣**もつくられました。

こうした貨幣の発明によって人々は好きな時に好きな物を購入できるようになりますが、一方で貨幣をため込んで金持ちを目指す人たちが現れました。

お金の誕生と歴史

物々交換の時代

肉や塩など需要の高い物で物々交換

物々交換に使われていたもの
肉、塩、武器、農具、布、穀物、馬など

・交換人を探す手間
・同価値の物との交換が困難
・保存が利かない　など

↓様々なデメリットがあった

お金の概念が誕生

簡易的な貨幣がつくられるようになる

お金として使われるようになったもの
貝、石、布などの傷まない素材のもの

まじないの道具や加工を施された石など、地域の間で貴重品がお金の役割を持つようになる

↓共通した価値を持つ「お金」が登場

こう変わった！

貧富の差が生まれた

貨幣による売買は個人間のやり取りにとどまらず、やがて商人という職業を生み出しました。彼らは物を安く購入し、その商品を取り扱っていない別の場所で高く販売する交易を始めたのです。この頃から貨幣はただのアイテムではなく、富として扱われるようになりました。**ギリシアでは貨幣を交換できる両替商が誕生し、中世のイタリアでは貨幣を安全に預けることのできる銀行業が発展。**こうして、貨幣は人々の生活になくてはならないものとなったのです。

しかし貨幣が広まったことで、人々は格差で苦しむことになります。それは持つ者と持たない者の格差……つまり**貧富の差**です。貨幣をため込んだ商人や王侯貴族は持たない庶民を使役するようになり、また貨幣をめぐって紛争や戦争が繰り広げられました。その戦いはいまだに世界各地で続いています。

ここ数十年で貨幣の形は大きく変わりました。最近は非接触型決済の電子マネーやクレジットカードなど、**目に見えない貨幣が台頭しつつあります。**

硬貨の登場

紀元前7世紀頃

リディア王国（現トルコ）で硬貨の鋳造が始まる

琥珀金（金と銀の合金を指す）を使った硬貨から製造され、次第に純金や純銀を使った硬貨（エレクトロン貨）が登場

↓周辺諸国で貨幣製造が発達

金融業の誕生

金融業が生まれる

ギリシアの両替商
イタリアでは銀行業が台頭

↓貨幣の登場で商取引を活発に

エレクトロン貨は直径1cm強の円形だったよ

マメ知識

紙幣の始まり
交子《こうし》とは？

高額になるにつれ数が増える硬貨は、持ち運びに不便。そのため中国では宋の時代に、商人が硬貨を預かって「交子」と呼ばれる預かり証（手形）を発行するようになった。交子には預けた金額が書かれていて、その金額分の買い物ができた。交子がお金として使われるようになったのが紙幣の始まりだとされている。初めは民間による発行だったが、1023年には政府が発行するようになった。

貨幣の進化

形状の変化で持ち運びや保管がラクに

お金の概念の誕生
石や貝のお金

物々交換の不便さから、劣化しない貝や石などがお金として使われるようになる。

ミクロネシアのヤップ島の石貨。大きいものだと直径 4m にもなる

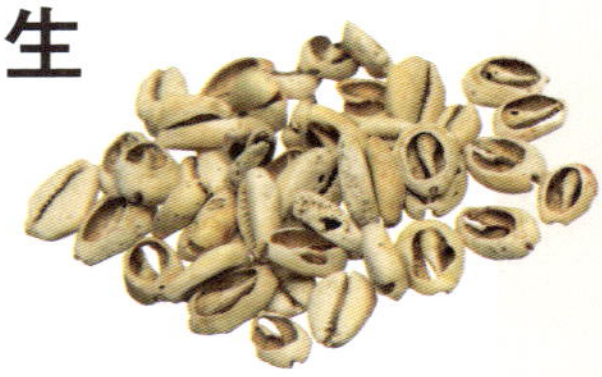

古代中国でお金として使われた貝貨

Before

国王の象徴であるライオンの模様が彫られているリディアの金貨。金と銀を成分として製造された

紀元前7世紀頃～

硬貨の始まり
金や銀、銅の硬貨

ここが変わった

世界最古の硬貨は、リディア王国（現在のトルコ）でつくられたエレクトロン貨。また、中国では金や銀があまり出土しなかったため、青銅でお金がつくられた。

中国の刀幣

4世紀前半頃～

初の国際基軸通貨
ソリドゥス金貨

ここが変わった

地中海交易活性化のため、ローマ帝国のコンスタンティヌス帝がつくった基軸通貨。ソリドゥス金貨の頭文字Sが、現在の$（ドル）の表記の由来になっている。

コンスタンティヌス１世が描かれたソリドゥス金貨

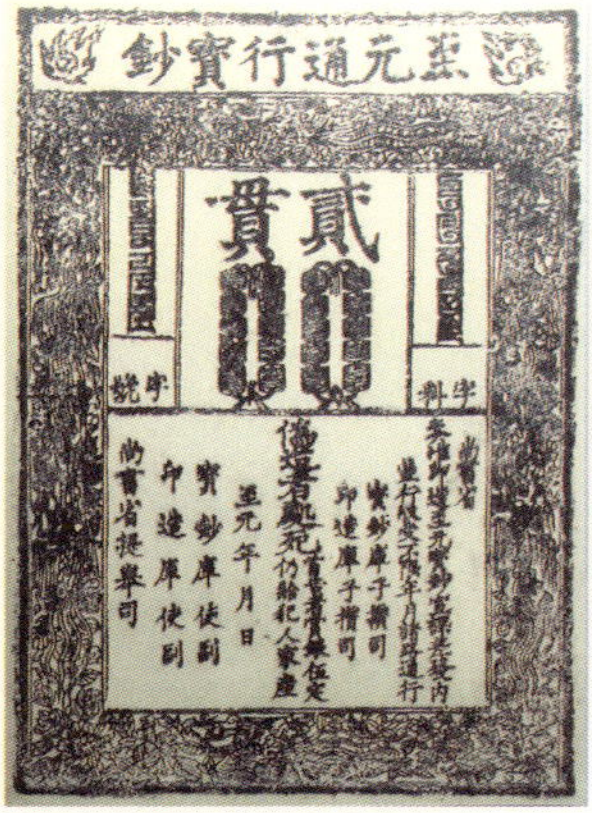

元の時代（13 世紀後半）のお札である交鈔

最初の紙幣とされる交子

11 世紀頃～

紙幣の誕生
交子

ここが変わった

持ち運びが不便な硬貨に代わって、中国の宋の時代に世界最初の政府紙幣が誕生。交子は預かり証として発行されたため有効期限があった。元の時代の交鈔は、当初から正式に通貨として発行された。

17 世紀頃～

銀行券の誕生
ストックホルム銀行券

ここが変わった

最初の銀行券は、1661 年にスウェーデンのストックホルム銀行によって発行された。

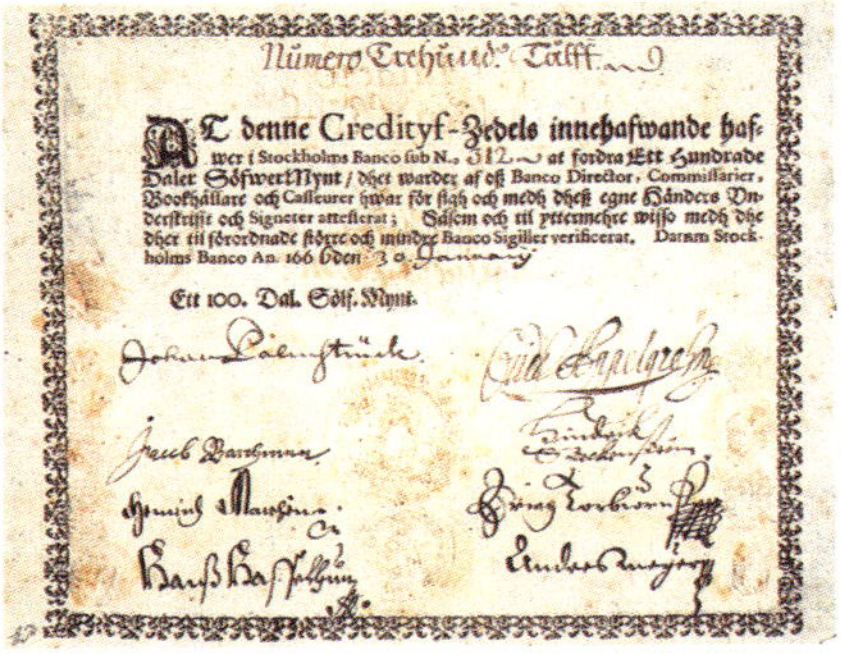

New

1990 年代～

データ化されたお金
電子マネー

1950 年代にアメリカでクレジットカードが誕生。硬貨や紙幣に代わり、現金を持ち歩かなくても支払いが可能になった。また、1990 年代後半からは電子マネーが登場し、キャッシュレス決済があたりまえの世の中になっている。

軍事力を大幅に向上させる武器になる

鉄器

時代

紀元前1400年頃

場所

アナトリア半島
（現トルコ）

なにが起きた？

道具として初めて実用的な金属が誕生

人類が最初に道具として用いたのは、石や木、土などの自然物でした。続いて銅や、銅に錫を混ぜた青銅器などが使われるようになります。これらは簡単につくれますが、壊れやすいのが難点です。**やがて新しい金属が発明されました。それが鉄でした。**

しかし、鉄は鉄鉱石の中に含まれている成分のため、石のままでは使用できず、石を燃やして中から鉄だけを取り出す技術が必要になります。

製鉄技術自体は紀元前３０００年頃に確認されますが、実用化したのは現在のトルコにあった**ヒッタイト王国**（前１６８０～前１１９０年頃）といわれます。彼らはこの技術を使い、頑丈な武器を生み出しました。

【ヒッタイト人の製鉄技術】

鉄を熱して叩くを繰り返す

不純物を除去し、鉄の純度を高める

↓

炭素を入れて強度を上げる

適当な量の炭素を鉄に含有させることで
硬さや強度を向上させる

国家機密だった製鉄技術

製鉄技術自体はヒッタイトの台頭前からあったが、
鉄器を日常的に使用した上、それを記録に
残したのはヒッタイトが起源だとされる

独自の製鉄技術を発達させたヒッタイト人は
武器や実用品として鉄器を製造
**➡ヒッタイト滅亡後、技術が周辺国へ伝わり
オリエント全体が鉄器時代へ突入**

ポイント

製鉄技術を確立したヒッタイト王国は、鉄でつくられた硬く壊れにくい武器で軍事力を高め、大国を築いた。

こう変わった！

強力な軍事国家が生まれた

鉄の利点は、硬く壊れにくいことです。さらに青銅よりも軽い鉄は武器として最適でした。 ヒッタイト人がつくり上げたのは強靭な鉄剣や守りの堅い鉄盾だけではありません。周囲の国々を驚かせたのは、壊れにくい鉄の戦車です。これに弓兵が乗って縦横無尽に戦場を駆け回ったのですから、歩兵は太刀打ちできません。進撃を続けるヒッタイト人は「目には目を、歯には歯を」で有名なバビロン王朝を滅ぼし、オリエントの覇者へと成り上がっていくのです。

また、大航海時代にアメリカ大陸が西洋諸国に支配されたのは、アメリカの先住民が鉄器を持っていなかったことも理由の一つであるとされています。

時代は進み、イギリスの産業革命もまた鉄が支えることになります。この頃になると鉄を溶かす炉が開発され、より硬い鉄を効率的につくれるようになっていたのです。**鉄を使用した兵器がつくられ、この兵器によって世界は軍事を中心とした富国強兵への道を進み始めました。**

マメ知識

金儲けに使われた?

ヒッタイトの武器

国家機密の製鉄技術によって鉄剣や戦車など強力な武器を製造し、大帝国となったヒッタイト王国。しかし、ヒッタイト人のなかには、それらの武器を周辺諸国に売ることで、密かに金儲けをする者たちもいたようだ。鉄より脆い青銅の製造技術しか持たない周辺諸国にとっては、鉄の武器の価値は非常に高かった。周辺国の王たちは、大金を払ってでも鉄の武器を手に入れる必要があったのである。

【鉄器の実用化】

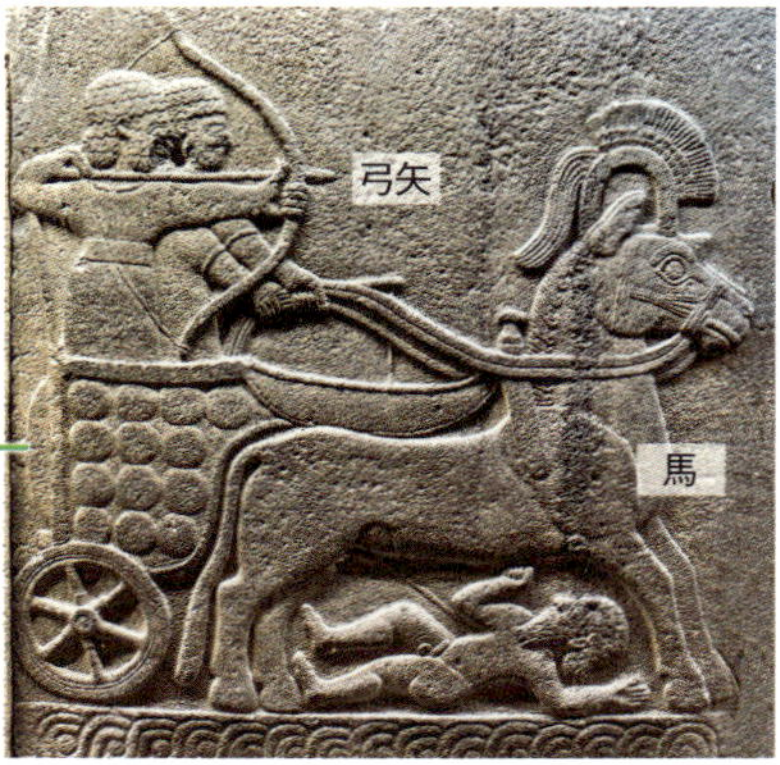

2輪の戦車

2人乗りの二輪車は、6本スポーク式になっており、軽くて速いのが特徴だった。

ヒッタイトの戦車

製鉄技術で金属製のスポーク車輪を開発。機動性の高い戦車（チャリオット）で戦いを有利に進めた。

紙

情報が手軽に記録できるようになった

なにが起きた？

現代まで使われる記録媒体

現代ならどこにでもある紙。**この紙を発明したのは古代中国の蔡倫《さいりん》という皇帝に仕える宦官《かんがん》でした。**古代中国では歴史書を記録するのも、法律をまとめるにも絹織物や木の札に書くのが一般的でしたが、絹織物は高級で木は書きにくいという弱点がありました。

そこで蔡倫は絹や木の代わりとなるものを探して実験を繰り返します。やがて彼は木の皮や絹の切れ端を柔らかく溶かして潰し、薄く伸ばすという手法を編み出しました。そうして生まれた紙は、彼の名前をとって蔡侯紙《さいこうし》と呼ばれるようになります。

この**紙という発明は最新の記録媒体として、ヨーロッパやアジア各地へ広まっていきました。**

【中国で生まれた製紙法】

❶麻や布などの原料を灰汁につけて煮る
❷原料を臼で潰し、水の中で混ぜる
❸木枠を使って紙をすく
❹乾いたら木枠から剥がして完成

製紙法の工程

蔡倫の製紙法は、紙の原料を灰汁《あく》につけて煮ることによって、余分な成分や色を取り除き、高品質の紙をつくることを可能にした。

時代

105年

場所

中国

発明者

蔡倫

ポイント

パピルスや羊皮紙に代わって軽くて書きやすい紙が発明されたことで、情報の伝達が容易になった。

こう変わった！

社会に流通する情報を増大させた

紙が生み出されるまで、ヨーロッパやギリシアの記録媒体は柔らかい粘土板、草の茎を加工してつくるパピルス（paper の語源）、もしくは動物の皮を使った羊皮紙などでした。しかしいずれも重い、高価、つくるのが大変などの難点があります。一方、**紙は書きやすく軽いというだけでなく安価でつくることができる**ため、画期的な発明として世界に普及したのです。

また、紙が広がると同時につくる技術も向上していきました。**ドイツのケラーは、木の繊維をすりつぶしてパルプをつくる方法を発明。**パルプは紙の原料として最適で、これによって簡単に**紙の大量生産**ができるようになったのです。

このように流通した紙ですが、**現代は記録がデジタルに置き換わっているのも事実。**さらに地球環境の保護という観点から、紙を減らす運動や古紙から再生紙をつくり出す動きも始まりつつあります。それでも歴史や文学を刻み、未来へバトンを渡す記録媒体として、紙が完全に消えることはないでしょう。

日本では？

丈夫で美しい紙

「和紙」の誕生

紙をつくる技術は、610年に高句麗の僧である曇徴（どんちょう）によって、墨とともに日本に伝わったとされている。最初は原料として麻が使われていたが、次第に「コウゾ」や「ガンピ」「ミツマタ」といった植物が使われるようになった。また紙のすき方も日本独自の改良が行われ、中国の紙よりもさらに丈夫で綺麗な「和紙」として発展した。和紙は明治時代に洋紙が入ってくるまで、日本各地でつくられた。

紙の発展の歴史

パピルスに描かれたエジプトの『死者の書』

紙の誕生	紀元前 3500 年	パピルスの発明
	紀元前 3 世紀	羊皮紙の発明
紙の伝播	**105 年**	**中国で蔡倫が紙を発明する**
	610 年	日本に紙をつくる技術が伝わる
	751 年	タラス河畔の戦いで紙がイスラーム世界へ
	12 世紀半ば	モロッコからイベリア半島へ伝播 ➡ 13 ～ 15 世紀にヨーロッパ各地で紙がつくられる
原料の革命	**1445 年**	**ドイツでグーテンベルクが活版印刷を発明** ➡ヨーロッパではボロきれなどを原料にするも、紙の需要が高まり、原料不足に
	（原料が木材になる）	
	1719 年	**フランスのレオミュールが木材を原料とする方法を考え出す**
紙の大量生産へ	1798 年	フランスのロベールが紙すき機を発明する
	1844 年	ドイツのケラーが木の繊維であるパルプを人工的に製造する機械を実用化

印章

身分と権力を象徴する

時代

紀元前3000年頃

場所

メソポタミア（現イラク）

ポイント

印章は財産の所有権を証明するためなどに使われていたが、中国においては権力の象徴としての役割が強くなった。

なにが起きた？

正統性を証明するもの

身分や取引を証明するための印章。これは**契約書の証明などで押す印鑑、判子の正式名称**です。近年は印鑑レス化が進んできたとはいえ、公式文書や契約書、銀行などではまだまだ活躍の場面が多い存在です。この印章がつくられるようになったのは、はるか古代メソポタミアの時代だといわれています。

最初に使われた印章は、凹凸の型をつけた円筒の棒を粘土板に転がして、その文様を転写するというシンプルなものでした。**当初は取引や所有権の証明に使われていましたが、だんだんと身分を証明するものへと移り変わっていきます。**そして身分の高い人間は、より華美な印章を用いるようになりました。

印章の歴史

印章の誕生

メソポタミアで印章が誕生する

一族や個人の間で財産が生まれると、**私的所有権のシンボルとして誕生**

商取引の契約書、法律、行政文書など王が押印する文書に使用されることで普及

⬇富と権力の正統性を示すアイテムに

印章が様々な形で使用される

前3000年頃 **エジプト**

…スカラベ（フンコロガシ）型の印章

前2600年頃～ **メソポタミアのシュメール王朝**

…円筒形の印章

前2600年頃～ **インダス文明圏**（インドなど）

…正方形の印章

前5世紀～前4世紀頃～ **中国の戦国時代初期**

…荷物や手紙を送る際に使われる封泥印が誕生し、情報管理の手段として印章が発展

⬇各国で印章が使われるようになる

こう変わった！

権力の象徴になる

古代中国を統一した**秦の始皇帝は玉璽《ぎょくじ》**という、皇帝だけが使える特別な印章をつくりました。また、**古代エジプトでは不死の象徴でもある虫を模したスカラベの印章が流行**します。これはアクセサリーとしても利用できる印章指輪で、主に王族の愛用品として広まりました。また日本にも中国から印章文化が輸入され、中でも中国皇帝から贈られた金印『漢委奴国王』は有名です。ただし、この印章を持つことができたのは王族だけ。このように、**印章は身分を示すだけでなく、権力の象徴になっていたのです。**

一方で、西洋では早々に印章が廃れてサインへと移り変わっていきます。また日本では平安時代以降、貴族や武将たちが花押と呼ばれる日本独自の印章をつくり上げましたが、これは名前を崩して一文字で表す手書きサインでした。しかし明治以降、政府が実印を推す法律を策定したため手書きサインの文化は終わり、**現代まで日本では身分の証明、契約締結に公私ともに印章が使われるようになった**のです。

印章の広がり

インダス文明の印章。インダス文字と聖獣が刻まれている。

紀元前 2340 ～前 2100 年頃のメソポタミアの円筒印章。黒大理石でつくられている。

拡大する印章の役割

印章が東アジア世界の秩序を生み出す

中国では、印章は秦や漢の時代以降に広く普及

↓皇帝と官僚の間の情報管理に使われる

皇帝は**「印綬」**という印章を権威のシンボルとしてつくり、支配下となった周辺諸民族に印綬を与えて「中華」の思想に組み込んだ

↓印章が権力と支配の象徴となる

漢の光武帝から倭奴国王に贈られた漢委奴国王印（福岡市博物館所蔵　画像提供：福岡市博物館 / DNPartcom）。

清の乾隆帝が古希を迎えた際に記念でつくられた玉璽（台湾・国立故宮博物院所蔵）。

酒

腐らない飲料として広まり、嗜好品となった

なにが起きた？

飲料の長期保存が可能になった

ストレス解消やコミュニケーションアイテムとして世界中で嗜まれている酒。そんな酒と人間の付き合いは古く、1万年以上昔から飲まれていたようです。ただし**酒は誰かの発明品ではありません。**蜂の巣や落ちた果実が発酵してワインに、また、パンが水に浸かることでビールに……など、偶然の発見だったといわれています。

ただ、**酵母が発酵するとアルコールになるということが最大の発明でした。**冷蔵技術のない古代、水は腐ることが多かったため、**腐敗しない酒はまさに命の水。**長い船旅の飲用として活用されるだけでなく、嗜好品としても広まっていくことになります。

【水の代わりになった酒】

紀元前4000年頃　メソポタミアでシュメール人によってワインづくりが始まる

紀元前3000年頃　シュメール人がビールもつくるようになる

水　冷蔵技術がないため腐敗しやすい → 酒　腐敗しないため、長期保存が可能

➡腐らない飲み物として貴重な存在に

ストローでビールを飲む人々

ストローでビールを飲むメソポタミアの男性たち。ストローを使ったのは、ビールの表面に浮いた麦の粒を避ける、酔いが早く回る、といった理由だとされている。

時代

先史時代

場所

世界各地

ポイント

冷蔵技術がなかった時代に保存できる飲料として重宝された酒は、現在でも嗜好品として世界中で飲まれている。

こう変わった！

社交文化が生まれた

中世に入って技術力があがると、ヨーロッパではウイスキー、ウォッカ、ブランデーなど**アルコール度数の高い蒸留酒**をつくれるようになりました。これは錬金術で不老不死の薬をつくる過程で生み出されたといわれています。こうした蒸留酒は薬として医療現場で使われることもありましたが、町の酒場でも売られるようになり、人々の楽しみにもなりました。

しかし度数の高い酒が流行すると、その依存性が問題視されるようになります。そこでアメリカをはじめ、**多くの国がアルコールの販売や製造を禁止する禁酒法を制定**したり、逆に国や王朝が専売しようとしたりしましたが、いずれも失敗に終わりました。

このように酒をめぐって多くの争いがあったものの、現代でも数千年前と変わらず、労働後の一杯を楽しみ、祭事などでは多くの人々が酒を飲み交わしています。またビアホール、パブ、酒場など、酒を提供する場も世界各国でつくられ、まだまだ酒と人類の付き合いは続きそうです。

マメ知識

酒の誕生は偶然？

酒の起源 蜂蜜酒

最古の酒とされるのは、1万4000年前頃に人類が初めて飲んだといわれる蜂蜜酒（ミード）だ。クマなどに荒らされて、ひっくり返ってしまった蜂の巣の中に雨水が溜まったことがきっかけで、雨水で薄まった蜂蜜が次第に発酵し、それを狩人が飲んだのが酒の起源とされる。蜂蜜酒は古代ギリシアでは神々の酒（ネクター、アンブロシア）として崇められ、ローマの政治家であるカエサルも愛飲した。

酒をめぐる歴史のできごと

ドイツ

ビール純粋令（1516年）

バイエルン公ヴィルヘルム4世によって制定された最も古い食品規制法で、「ビールは、麦芽・ホップ・水・酵母のみを原料とする」とした法律。ビールの品質の向上と、小麦やライ麦の使用制限を目的として制定された。

アメリカ

禁酒法（1919年）

アメリカ繁栄の時代とされる「黄金の20年代」の陰で制定されたのが禁酒法だ。写真は、アルコール飲料の売買が禁止され、ニューヨークの下水道に密造酒を捨てる人々（1921年）。

酒 の進化

酒の誕生とその変遷

世界最初の酒 蜂蜜酒

雨水で薄まり自然に発酵した蜂蜜が、酒の始まりだとされている。

Before

紀元前4000年頃

酒づくりの始まり ワイン

古代メソポタミアのシュメール人によって、ワインづくりが始まったとされている。その後、古代エジプトで製法が伝播すると、葡萄の実からつくられるワインは高級品として王族や貴族を中心に飲まれた。

紀元前3000年頃

パンからつくられた ビール

シュメール人がワインに続いてつくったのがビールだった。古代エジプトにその製法が伝わると、ビールは庶民にも親しまれる身近な飲み物となった。ピラミッド工事の労働者たちにも、労働の対価としてパンとともにビールが振る舞われていたという。

ビールづくりをする古代エジプトの女性。当時は大きな壺に濡らしたパンを詰め、自然に発酵させた麦芽でビールをつくった

10 世紀頃〜

蒸留酒が生まれる

ウイスキー

ウイスキーやブランデーといった、ワインやビールなどを蒸留してできる酒は、10 世紀頃にアラビアの錬金術師たちによって偶然に誕生した。蒸留酒は「生命の水（アクア・ヴィタエ）」と呼ばれ、病気を治す秘薬として飲用された。

蒸留器を扱う錬金術師たち（16 世紀）。錬金術師たちは、不老不死を実現する「賢者の石」を精錬するため、蒸留器を用いていた。その過程で高純度のアルコール溶液が生まれた。

column

日本における酒の歴史

日本における最古の酒は、米を口で噛んだものを発酵させた「口噛みの酒」だとされている。8 世紀頃（奈良時代）に日本酒が製造されるようになると、嗜好品としてだけでなく、新年を祝う正月の御神酒や、ひな祭りの白酒など儀式においても酒が活用された。

人や物資の移動に革命を起こした
車輪

時代

紀元前3500年頃

場所

メソポタミア
（現イラク）

なにが起きた？

小さな力で運搬が可能に

重い荷物を運ぶ時、人の手では限界があります。古代エジプトでは**地面に置いた丸太（コロ）**の上に荷物を載せ、荷物を紐で引っ張るたびにコロを前に置き直すという大変手間のかかる運搬を行い、巨大なピラミッドなどをつくったといわれています。

そんな運搬技術に革命が起きたのは紀元前3500年頃のこと。かつては土器づくりに用いられていた**車輪を運搬用に利用する方法が発明されます。**小さな力で大きな荷物を運べるようになり、日用品の運搬だけでなく**兵士や武器を運ぶ軍事目的**としても活用され始めたのです。荷物を持っての移動がたやすくなったことで、人々の行動範囲も大きく広がりました。

【車輪の仕組み】

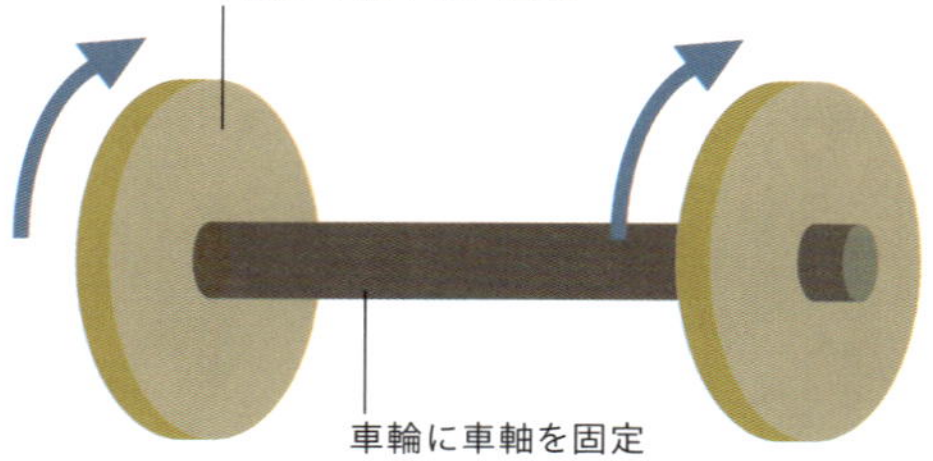
車輪は車軸中心に回転
車輪に車軸を固定

水車にも
使われて
いたんだって

車輪と車軸の関係

車輪は円柱状の車軸に固定され、車軸と車輪がともに回転することで乗り物が動く構造となっている。車軸のおかげで車輪は少ない摩擦抵抗で回転でき、小さな力で物を運ぶことができる。

ポイント

車輪の誕生により大きな荷物を小さな力で運べるようになった。結果、人や物の運搬・移動範囲が大きく広がった。

こう変わった！

都市国家が生まれた

車輪付きの車として最初につくられたのは、木を円盤状に削ったものに車軸を付けて荷車に取り付けるという簡単なものでした。この車を牛や馬に引かせることで、**人の力をほとんどかけずに荷物を運べるようになった**のです。やがて車輪付きの戦車も登場。これによって戦争の戦い方が大きく変わります。また車輪車といえば、中国の三国志に登場する諸葛亮がつくったといわれる手押しの一輪車も有名です。この車で大量の食糧を運べるようになり、遠方の国を攻める時でも兵糧不足に苦しまずに戦えるようになりました。

また車で長距離を移動するには、道の舗装がなにより大切です。「すべての道はローマに通ず」で有名なローマ帝国は、**ローマの高速道路とも呼ばれたアッピア街道を建設。**さらに舗装された道の各要所にローマの都市国家がつくられていきました。やがて車輪や道を制する国が成り上がっていくことになるのです。

そしてこの**車輪の仕組みは自転車、車、プロペラなどの基礎**になり、現代にまで生き続けていきます。

マメ知識

車輪がなかった？

車輪とアメリカ

車輪の発明で人々の移動は快適になった一方、南北アメリカでは、16 世紀になるまで車輪は浸透していなかった。紀元前 1500 年頃の玩具と思われる、車輪の形をした物は見つかっているが、馬や牛のように、荷車を引ける力の強い動物がいなかったため車輪の実用化はされなかったと考えられる。16 世紀に車輪とそれを引く動物が現れるまでは、南北アメリカの人々はラマを使って移動した。

【交通網の発展】

アッピア街道

ローマから南イタリアのブルンディシウムまで 570km に及ぶローマ最古の軍用道路。紀元前 312 年建設。

兵馬俑の銅車馬

始皇帝陵からは、始皇帝が生前乗っていたものを再現したとされる馬車が多数見つかっている。

現在の都市には必須のインフラ設備

上下水道

時代

紀元前2000年頃

場所

モエンジョ・ダーロ（パキスタン）

なにが起きた？

都市の衛生環境が大きく改善

古代の人々は川や雨水、山水を利用していました。しかし国が大きくなると水の供給が間に合いません。また人が集まれば汚水も溜まり、衛生環境が悪化します。その悩みを解決した発明が、上下水道でした。配管パイプできれいな水を都市に運び入れ、汚水を外に捨てるという画期的なシステムです。

モエンジョ・ダーロ（モヘンジョ・ダロ）遺跡には**下水を流した溝の遺構が見つかっていますが、中でも上下水道をうまく都市に取り入れたのがローマ帝国でした。**公共の水道網を設置し、各家に水道管を通したのです。これによってローマ市民は常に新鮮な水を使えるようになりました。

【4000年前の大浴場】

モエンジョ・ダーロ（パキスタン）

古代ローマの浴場「テルマエ」は有名だが、こちらはそれよりも約2000年前のもの。上水道など水源関連の施設では世界最古といわれている。

ポイント

モエンジョ・ダーロでつくられた水道システムはローマ帝国で実用化され、その後19世紀に再びヨーロッパで整備された。

こう変わった！

公衆浴場が生まれた

水を自由に使えることで、風呂が整備されるようになります。**ローマ帝国では市民への公共政策として「テルマエ」と呼ばれる浴場が設置されました。**テルマエは後に公衆浴場として発展します。浴場は衛生環境を整え、社交場としても活用されていきました。

しかしそんな上下水道のシステムはローマ帝国の崩壊とともに一旦忘れ去られてしまいます。ヨーロッパの各王国は下水道の整備を怠ったのです。汚水は道端に捨てるという有り様で、その結果、都市に広がったのは伝染病です。特に14世紀にヨーロッパ中の人々を襲ったペスト（黒死病）や19世紀のコレラは都市の大半の人を犠牲にするほど猛威をふるいました。それを反省し、**再びヨーロッパで上下水道が整ったのは19世紀のことです。**

一方日本は昔から水が豊富で飲用水に困らず、また汚水は農業に使用したため、上下水道の整備は都市部以外では進みませんでした。下水道のシステムが全国的に整備されたのは比較的近年になってからなのです。

日本では？

江戸時代に独自開発!!

日本の上水道

日本最古の水道がどこにあるのかは諸説あるが、神奈川県小田原市にある「早川上水」が最古とされることが多い。早川上水がつくられた江戸時代は人口が江戸に集中したことで生活用水の需要が高まり、水路の整備が行われた。小田原城下に建設された早川上水は、木や石の水道管を使って川から水を引いていた。その後、玉川上水、神田上水など多くの水道が建設され、都市の発展を支えた。

【古代ローマの水道は世界遺産に】

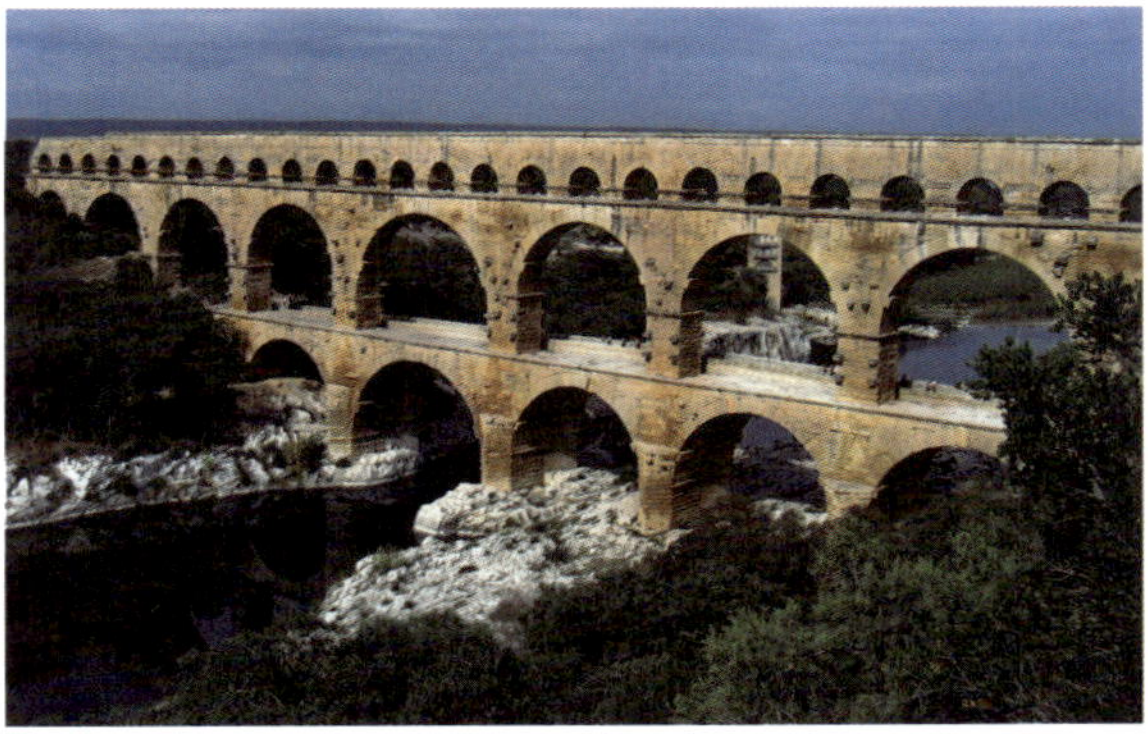

ポン・デュ・ガール橋（フランス）

ローマ帝国時代につくられた最も有名な水道橋。水源地から街までの高低差17m。1kmあたり34cmという微妙な勾配をつけて水が流れるよう設計されている。

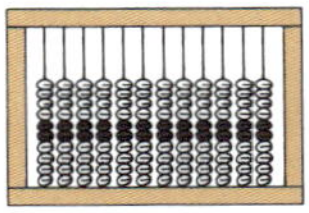

複雑な計算を可能にした そろばん

時代
紀元前3000年頃

場所
メソポタミア（現イラク）

ポイント
そろばんの発明によって暗算に頼らなくても高度な計算ができるようになったため、巨大な建造物も誕生した。

なにが起きた？

暗算に頼らない計算が可能になった

かつて人々は数を数える時、頭の中で暗算したり、両手の指を使って計算するしかありませんでした。しかし桁が多くなると時間がかかるうえ、数え間違いも当然増えます。それを防ぐために発明されたのが、現代でも使われているそろばんです。

そろばんが生み出されたのは紀元前３０００年頃のメソポタミア。**最初は板や地面に溝を引き、そこに小石などを置いて計算をするシステムでした。**これによって、それまで暗算に頼らざるを得なかった膨大な計算を簡単にこなせるようになったのです。それは金銭の管理だけでなく、モノづくりにも生かされるようになりました。

そろばんの変遷

紀元前3000～前2000年頃　砂そろばん
メソポタミアでそろばんの原型が誕生
当時は土や砂の上に線を引き、そこに小石を置き計算

←

紀元前500年頃　線そろばん
エジプト・ギリシア・ローマなどで、線そろばんが誕生
岩や木の平盤の上に位取りの線を引き、小石や骨、象牙を素材とした玉を置いて計算
後に、玉は銅貨へと変化
↓計算機の元祖「アバカス」の誕生

←

紀元前400～前300年頃　溝そろばん
ローマで溝の中に玉がはめ込んである溝そろばんが誕生
↓シルクロードを渡り中国へ伝播

ローマの溝そろばんの複製

こう変わった！

ピラミッドがつくられた

最初こそ砂の上で行う簡易的なシステムでしたが、時代が経つと**盤の上に玉をはめ込む溝そろばん**なども編み出されます。このそろばんによる高度な計算は巨大建造物の建築にも役立ちました。特にエジプトのピラミッドは現代人が見ても完璧な黄金比を持つ建造物で、世界七不思議の一つです。あの巨大なピラミッドを建てるための測量や、高度な計算はとても暗算では追いつきません。**古代の人々はそろばんを用いて巨大なピラミッドをつくった**、といわれています。

そんなそろばんの考えは中国、アジアへと広がりました。**現在のそろばんに近いものは中国で完成し、日本には室町時代に伝わった**とされます。改良が重ねられた結果、江戸時代には和算と呼ばれる日本独自の算術が誕生。武家や商家の子どもたちはこの和算を寺子屋で学びました。

そろばんは、現代のヨーロッパではほとんど使われなくなったようですが、中国や日本では学習目的などで使われています。

14世紀以降～

中国の算盤

竹の枠に張った針金の中で、珠を滑らせる「算盤（スワンパン）」が登場

たし算や引き算に加え、かけ算やわり算も可能に

⬇現在のそろばんの形状として定着する

中国の算盤

1600 年以前に使われていたもの。上珠が 2 個、下珠が 5 個で7つの珠を使う。現在のそろばんの主流は、上の珠が1つ、下が4つとなっている。

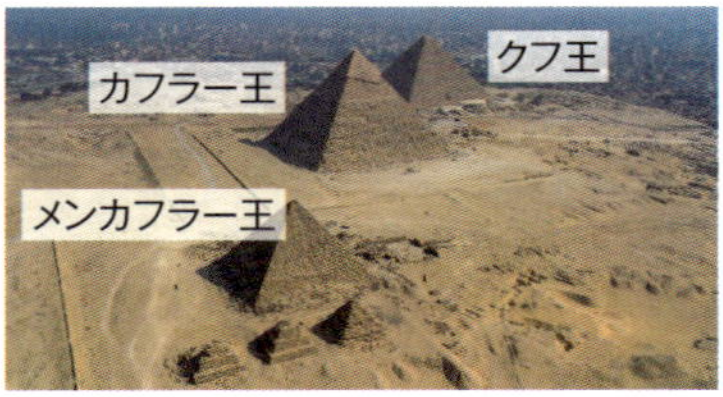

ギザの三大ピラミッド

前 2500 年前後に建造され、この中でも最大のクフ王のピラミッドは高さ 146m、底辺 230m。平均 2.5t もある石が約 230 万個も使われている。

日本では？

そろばんを愛用した武将

前田利家

戦国時代、織田信長や豊臣秀吉に仕えた武将として有名な前田利家は、武将としてだけでなく算術の達人としても有名だ。浪人時代に貧乏暮らしの辛さを経験した利家は、当時中国から日本に伝来したばかりのそろばんを愛用し、戦場にまで持参するほど徹底した節約家だった。兵士たちの給与の計算や、金、銀、米穀等の算用などにそろばんを活用し、節約に努めていたという。

馬を制御して扱いやすくした
馬具

なにが起きた？

騎乗技術が生まれた

人間が馬を家畜化したのは５０００年以上昔のこと。最初、人々は馬を使って荷運びをさせたり、食用、もしくは搾乳目的で育てていたようです。しかしそんな馬と人の関係が大きく変わる瞬間がありました。それが、人が馬に乗って移動する、**騎乗技術の発明**です。

２００６年にカザフスタンの先住民族、ボタイ族の遺跡から轡《くつわ》が発見されるのですが、その際に馬具を付けられたことで歯がすり減った馬の骨も発掘されました。これにより**人の移動手段として馬が使用されていたことが判明した**のです。騎乗技術の発展は、人々の生き方や生活だけでなく、領地の拡大や戦い方などの転機にもなったはずです。

【馬具の役割】

ハンドル・ブレーキの役割
馬の顔に装着し固定する紐状の馬具の総称。馬銜（はみ）と、手綱（馬銜につなげて頭部を制御する馬具）によって進行方向のコントロールが可能

座席の役割
足をのせる鐙という馬具とともに使用し、乗馬中に落馬しないよう安定させる役割を持つ

アクセルの役割
拍車は騎手の足に装着し、馬の脇腹に当てて刺激して馬を加速させる。また、騎手が持つ鞭は加速のタイミングを馬に伝える役割を持つ

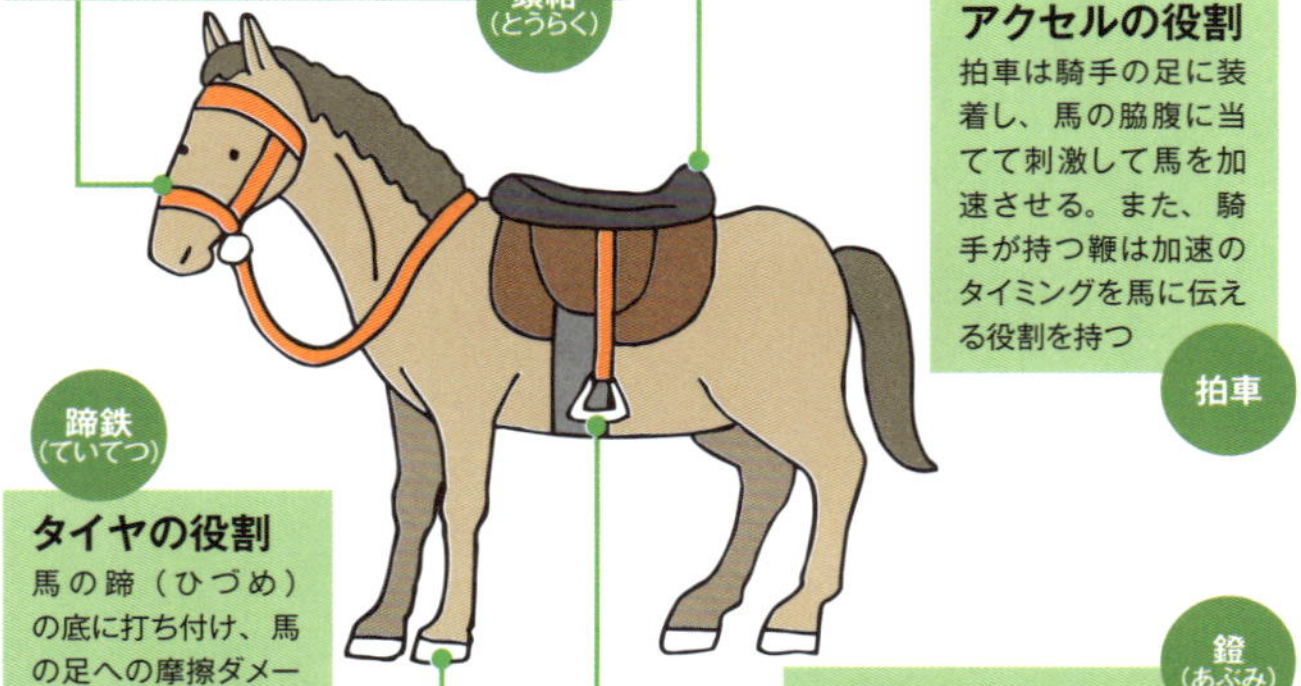

タイヤの役割
馬の蹄（ひづめ）の底に打ち付け、馬の足への摩擦ダメージを防ぐ馬具。また、馬の運動性能を高める役割もある

ペダルの役割
鞍の左右に吊り下がった鐙に足をのせ、騎手の身体を安定させる

時代
紀元前4000年頃

場所
中央アジア

ポイント
馬具ができたことで、馬を自由に制御できるようになった。また、騎乗技術も向上し、戦いも有利になった。

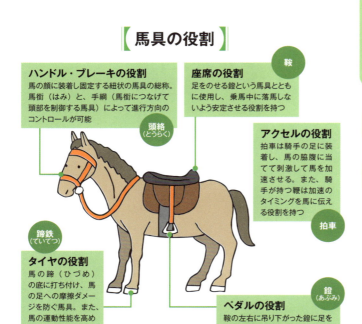

こう変わった！

移動、輸送、戦争を大きく変えた

馬は首が細長いため、首に紐をかけると骨折の危険があります。そこで口の中にロープのついた馬銜《はみ》を噛ませて乗った人がそれを引っ張ることで動きを制御する、それが初期の騎乗技術だったといわれています。馬を使えば遠いところへも素早く進むことができますし、荷物を運ばせることも可能です。この利点は、戦争でも有利に働きました。**特にヒッタイトが生んだ二輪戦車、チャリオット**は2頭の馬に車輪のついた荷台を引っ張らせ、その荷台に兵士が乗って戦うというもの。その速度で周辺の国を恐れさせました。このように乗馬は人間の行動を大きく変えたのです。

さらに馬具は改良が続きます。背に乗るための鐙も発明され、これによって長時間乗るのも苦ではなくなりました。のちにヨーロッパ中を駆け回った**ナポレオンの騎兵やユーラシア大陸の大半を支配地域にしたモンゴル兵の強さの秘密は、馬を使ったスピード感にありました。**その後も、汽車や車などが発明されるまで、馬は人にとっての最強の移動手段であり続けるのです。

騎馬技術と大国の成立

ウクライナから中央アジアにかけて
騎馬遊牧民族・スキタイ人

モンゴル高原
匈奴

地中海・西アジア世界
アッシリア
アケメネス朝ペルシア
アレクサンドロス帝国

騎馬遊牧民の成長
＋
その技術を導入

東アジア世界
趙（ちょう）
秦

ローマ帝国
戦車競技や軍用道路の誕生

東西の古代世界帝国の成立

前漢
武帝が汗血馬※を入手し漢帝国が発展

※血のような汗を流し、一日に千里を走るといわれた良馬

元
史上最大の帝国を築いたモンゴル軍
・持久力のあるモンゴル馬で、1日約70km進む
・馬上から小型の弓を射て戦う

騎馬技術の導入で戦法が強化され、数々の帝国が誕生したんだ！

マメ知識

高級ブランドの起源？
馬具とエルメス

フランスを代表するファッションブランド「エルメス」は、もともとは鞍やハーネスを製造する馬具メーカーだった。創業から50年経ち、次第に馬具の需要が減少していく中で、それまでの馬具制作の技術力を活かしてファッションアイテムの製造を開始した。創業の由来として、現在でもブランドアイコンは馬がモチーフになっている。グッチやダンヒルといったブランドも、エルメスと同じく起源は馬具メーカーである。

馬具 の進化

戦い方を変えた馬具の歴史

最初の馬具
馬銜《はみ》

馬具の中では最も古い歴史を持つ馬銜。馬の口に咥えさせて動きを操る。当初は動物の皮や骨、木を使ってつくられていたが、紀元前 1200 年頃に青銅製の馬銜が誕生した。

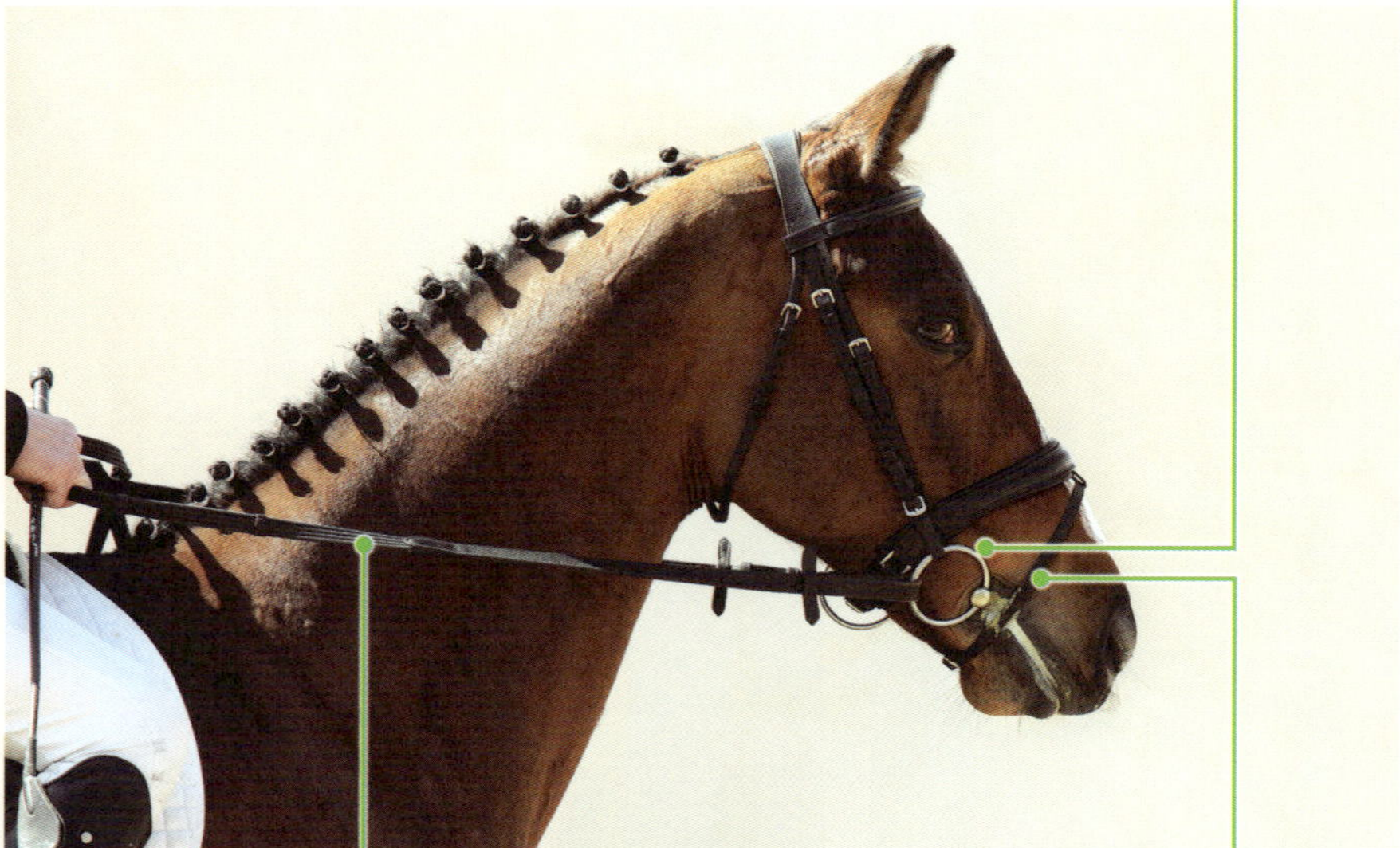

馬に指示を出す
手綱《たづな》

騎手が手に持つロープ。手綱の操作は馬銜を通して馬に伝わり、馬に進行の指示を出すことができる。

馬銜と手綱を結ぶ
頭絡《とうらく》

馬銜と手綱をつなぎ、馬の頭につけるベルト状の馬具。細い革製のものが多くなっている。

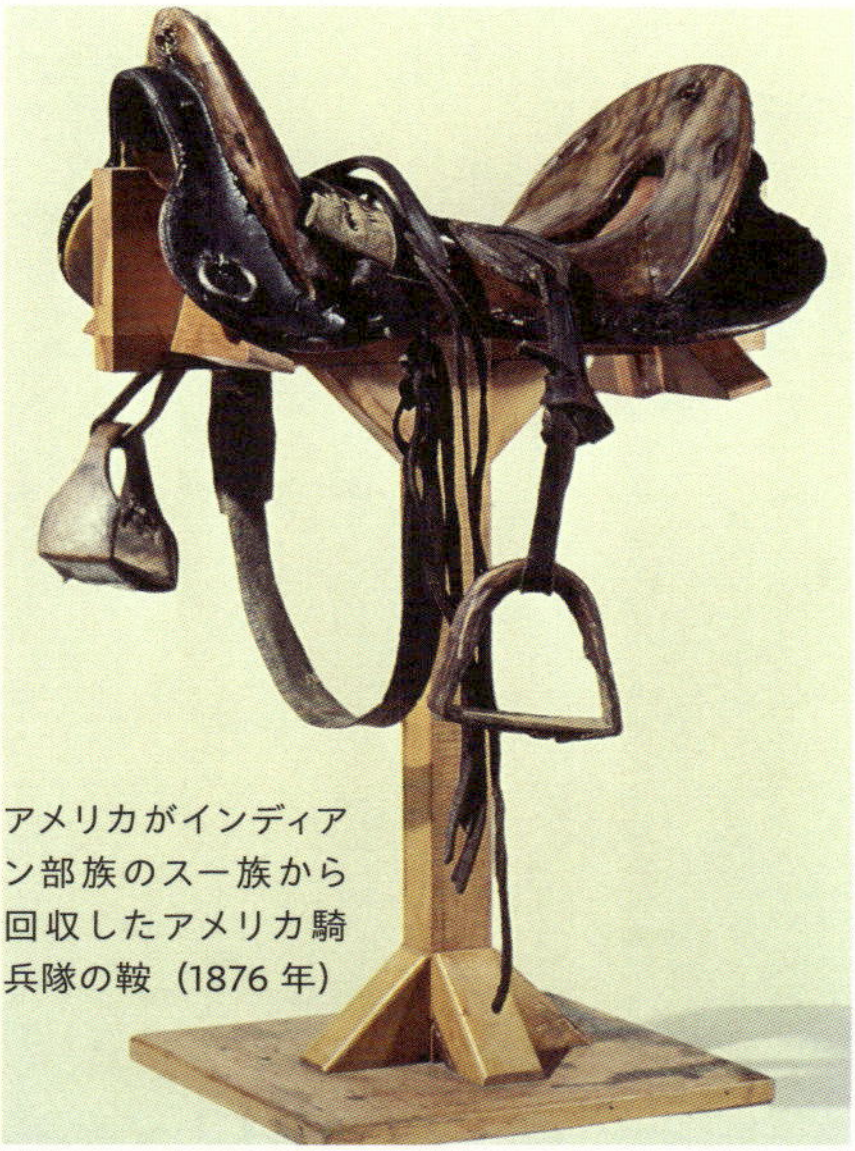

アメリカがインディアン部族のスー族から回収したアメリカ騎兵隊の鞍（1876 年）

騎手の足をかける
鐙《あぶみ》

鞍とセットで使われる馬具。騎手が足をかけ、馬上で踏ん張ることで突撃が可能になり、騎兵の戦闘力を飛躍的に向上させた。

座るための馬具
鞍《くら》

人や荷物をのせるために馬の背中に装着する馬具。鞍ができるまでは、布が掛けられているだけだったが、次第に木製の鞍がつくられるようになった。現在は革製になっている。

馬の蹄を守る
蹄鉄《ていてつ》

馬の蹄を守るためのU字形をした馬具。蹄を削ったり、蹄鉄を装着する専門家として装蹄師もいる。

column

日本の馬具の歴史

日本に馬が伝わったのは、弥生時代（2 世紀頃）のこと。日本に伝来した乗馬の文化が、古墳時代の埴輪にも表れている。鞍や手綱など、現在につながる馬具が使われていたことがわかる。

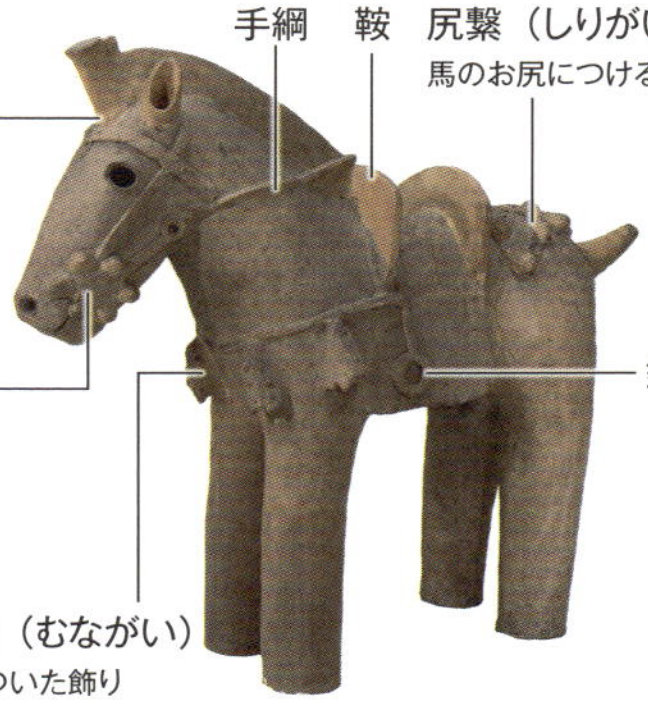
手綱
鞍
尻繋（しりがい）
馬のお尻につける飾り
面繋（おもがい）
轡を固定するため頭に引っ掛ける綱
轡（くつわ）
馬の口に噛ませる馬具。この埴輪には、鏡板がついている
鐙
胸繋（むながい）
胸についた飾り

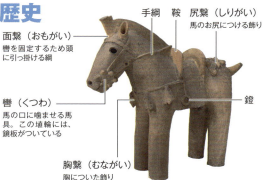

「時」という概念を可視化した発明
時計

時代

紀元前2000年頃

場所

メソポタミア（現イラク）

ポイント

時計の発明によって、正確な時間の流れが目視で確認できるようになった。また、それにより作業管理が可能になった。

なにが起きた？

時を知ることが可能に

何時に起きて何時に出社、何時にどこで待ち合わせなど、時間を見て行動することが多い現代人ですが、**狩猟時代に生きた古代人には時という概念がほとんどありませんでした。**そもそも朝日が昇れば狩りに出て、日が沈めば眠るという生活だったので、細かい時間を知る必要がなかったのです。

しかし狩猟時代が終わり、農耕生活になると時刻が重要視されます。時の数え方は60秒で1分、60分で1時間という60進法ですが、この考えを編み出したのは古代メソポタミア文明のシュメール人でした。時の流れが理解できるようになり、**今度は時刻が目で見てわかる「物」が求められるようになったのです。**

始まりは日時計だった

エジプトの日時計

地上にまっすぐにグノモン（投影棒）を立てて、グノモンの影の位置や長さでおおよその時刻を把握した。これが日時計の始まりといわれている。

こう変わった！

時間の管理ができるようになった

時計は紀元前2000年頃、シュメール（メソポタミア地方南部）で誕生したとされます。**初期の時計は影で時刻を示す日時計や、砂の落ちるスピード、水位の減り方で時間を計る砂時計、水時計など**でした。日本も飛鳥時代の6月10日に中国から水時計が伝わったと記録があり、時の記念日になっています。

こうして人は時間を知り、作業管理ができるようになりましたが、時計はこの頃、個人で所有するものではありませんでした。教会などで鐘をつき時を知らせていたのですが、手間がかかります。そこで**鐘を自動的につく機械時計**がつくられ、また振り子の速度が一定であるというガリレオ・ガリレイの理論を利用した**振り子時計が発明**されるなど時計は進化していきます。

やがて大航海時代に入ると、安全のために正確な時刻が求められ、時計の技術は進化していきます。さらに**現代ではより詳細な時刻を示す電池式のクオーツ時計、電子時計なども誕生。**今や人類は秒単位より細かく時を管理できるようになりました。

マメ知識

高級時計シェアを独占！

なぜスイス？

スイスの時計産業は16世紀にフランスの宗教弾圧から逃れてきたフランスの時計職人によって始まった。スイスの時計生産量のうち、95%が輸出とされており、世界市場におけるシェアは販売金額の約70%を誇るといわれている。近代では永世中立国であることから敵味方関係なく軍事用の時計を輸出している。戦争の影響を受けずに、懐中時計時代から培ってきた技術で高性能の腕時計を開発する。

「1秒」の長さを決めるのは？

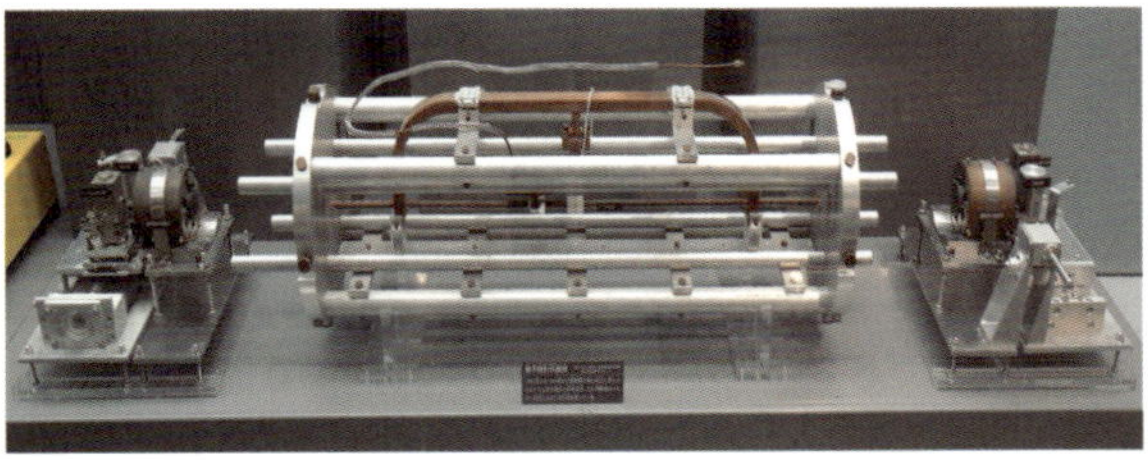

原子時計の共振部

原子が持つ性質により高精度に時間を測定できる。1949年にアメリカで発明され、これにより国際的な「1秒」が定義されている。原子時計を元につくられた正確な時刻情報は標準電波として発信されており、その電波を受信してクオーツ時計の誤差を修正しているのが電波時計である。

時計の進化

「より正確に時を計る」という挑戦の歴史

夜でも使える水時計

日時計は太陽が隠れている曇りの日や雨の日、夜には使えなかった。そこで次に使われたのが水である。容器に入れた水が一定の量流れることで、水面の高さから時刻を計っていた。

Before

大航海時代に使われた! 砂時計

ここが変わった

8世紀頃につくられたと考えられている砂時計は、揺れや温度変化などに強かったため、15世紀の大航海時代に活用された。

機械式時計

機械式時計は、13～14世紀頃に北イタリアから南ドイツでつくられた。当初は文字盤や針がなく、鐘をつく仕組みだった。

ヘンラインがつくったとされる筒型時計

1510年頃

小型化に成功 携帯時計

ここが変わった

ゼンマイの登場で機械式時計が小型化され、持ち運びが可能に。世界初の携帯時計はドイツのヘンラインがつくった筒型時計とされていたが、現代の調査で実際に動いた形跡が確認されず、携帯時計の起源はいまだ解明されていない。

テンプ時計を発明したホイヘンス

1675年

精度と実用性が格段に向上！懐中時計

ここが変わった

1675年、振り子時計を発明したオランダのホイヘンスは、振り子時計の弱点である激しい揺れに影響を受けない「テンプゼンマイ」という機構を発明。このテンプ時計で振動に強く小型化が可能な「懐中時計」が実現することになった。

1969年

世界初のクオーツ式腕時計 セイコー「アストロン」

ここが変わった

「テンプ」式では回転を速めるほど正確になるが、速すぎると壊れてしまうために限界があった。そこで注目されたのが、電圧を流すと1秒間に3万回以上正確に振動するクオーツ（水晶）だ。この技術で小さな腕時計をつくるのは困難だったが、日本の服部時計店（現セイコーグループ）がこれを実現した。

世界初のクオーツ腕時計
セイコー「アストロン」
提供：セイコーミュージアム銀座

New

1985年〜

正確な時刻表示を可能にした 電波時計

時計の製造技術は格段に向上していったものの、時計の微妙な誤差はなくならなかった。しかし、それを克服したのが電波時計だ。標準電波送信所から送られる正確な時刻を毎日受け取ることで、自動的に時刻を補正することができるようになった。世界初の電波時計をつくったのはドイツのユンハンス社である。また、電波時計の他にもGPSや、携帯電話の基地局から標準時刻を受け取る仕組みなど、現代では正確な時刻を取得するために、様々な方法が確立している。

仏像

仏陀をかたどり、仏教を世界中に広めた

時代

1〜2世紀頃

場所

ガンダーラ地方
（現パキスタン）

ポイント

ガンダーラ地方で始まった仏像づくりはアジア中に広がり、仏教を利用した政権の安定化などにも使われた。

なにが起きた？

仏陀をかたどった像ができた

まず仏教とは、釈迦が説いた「悟りを得ることでこの世の苦しみから逃れられる」という教えからスタートした宗教です。この**悟りを得た存在を「仏陀」と呼び、仏陀をかたどった像を仏像といいます。**

ところが仏像ができたのは、釈迦が死去してから何百年も後になってからでした。それまでは釈迦の遺骨を祀った仏塔や、法輪を祀っていました。そして、紀元1〜2世紀頃に**インド北西部のガンダーラ（現パキスタン）地方で仏像づくりが始まります。**この地域にはローマ帝国との交易を通じてギリシアのヘレニズム文化が伝わり、神話の神々をかたどった像が伝来していました。仏像は東西文明の融合から生まれたのです。

アジアにおける仏教の伝播

雲崗石窟 5〜6世紀頃　中国

中国の仏教石窟寺院で、インドのガンダーラやグプタ様式の影響を受けた巨大な仏像や彫刻が特徴。北魏建国以来の5人の皇帝に似せてつくられた大仏が見られる。

東大寺大仏 8世紀　日本

疫病や政変などで社会不安が増大していた奈良時代に、仏教に救いを求めた聖武天皇によって造立された。

こう変わった！

東アジアで仏教が広まる

仏教はインドのみならず、中国や日本など、アジア各国に定着しています。言語の違いがあるにもかかわらず、ここまで各地に広まったのは、仏像が与えた影響が大きいでしょう。

ガンダーラ地方でつくられた**仏像は、商人によってシルクロードを通り、やがて中国に伝来します。**そして5世紀に中国大陸北部を治めた北魏の皇帝・文成帝は、自分の姿に似せた巨大な仏像をつくりました（雲崗石窟）。これは、皇帝が仏教を利用して民衆をまとめるためにつくられたのです。

さらに、**仏教は朝鮮半島に伝わり、そして日本へ。**この時、使者が持参した金色に輝く仏像を見た天皇は衝撃を受け、以降、**仏教を利用して政権の安定化を図ります。**そして、法隆寺や東大寺大仏など、国家プロジェクトとして仏像づくりが進められました。

紹介した中国の石窟寺院は世界遺産になっており、日本の寺も多くが国宝や文化財に指定されるなど、仏像は観光資源としても今なお人々に影響を与えています。

ガンダーラ菩薩像

1～2世紀頃　インド

古代インドの王朝・クシャーナ朝において、初めてつくられた仏像。ギリシア的な要素が見られる衣服やウェーブがかかった頭髪などから、ヘレニズム文化の影響を受けていることがわかる。

ガンダーラの仏像はウェーブがかかった髪が特徴

暦

季節を区切り、日にちを記録できるようになった

なにが起きた？

1年の変化がわかるようになった

1月の次に2月、2月の次は3月……というのは現代では常識です。しかし暦という考えが世界に広まるまでには長い歴史がありました。

最初に生まれた暦は、太陽が地球を一周する期間を1年とする太陽暦。それと月の満ち欠けを1カ月とする太陰暦です。しかし太陰暦は1年が354日となり、太陽の動きとズレが生じます。狩猟時代は問題ありませんでしたが、農耕文化が始まると、種まきや収穫の正確なタイミングを掴むため、太陰暦と太陽暦を混ぜた太陰太陽暦が採用されるようになります。これにより**農業や生活の安定につながりました。**そして月ごとにやるべきことを把握できるようになったのです。

時代

紀元前45年
（ユリウス暦）

場所

ローマ

【暦の変遷】

古代メソポタミア 太陰暦

メソポタミアや古代中国で使われるようになる
月が12回満ち欠けする間を1年と定めた暦（1年が354日）

古代エジプト 太陽暦

古代エジプトで使われるようになる
地球が太陽の周りを1周する間を1年と定めた暦（1年が365日）

古代バビロニア 太陰太陽暦

バビロニアやギリシアで始まる
1年が354日。3年で33日ズレが生じるため、4年目を13カ月にして調整
➡のちの中国の授時暦、日本の貞享暦につながる

紀元前45年 ユリウス暦

ローマのユリウス・カエサルによってつくられる
1年が365日で、4年に1度366日となる。400年に100回の閏年

1582年 グレゴリウス暦

ローマ教皇グレゴリウス13世によって制定される
400年に97回の閏年

ポイント

宗教的な必要性から生まれた暦だが、次第にその正確性が求められるようになり、グレゴリウス暦が使われるようになった。

こう変わった！

年中行事が生まれた

太陽暦をつくったのは古代エジプト人だといわれています。ナイル川の氾濫に規則性があることに気づき、暦をつくったのです。さらに**古代ローマ帝国では独裁者のカエサルが新しいユリウス暦を生み出しました。**1年を365・25日にして4年に1度を閏年とするという考えです。ただ数世紀経つと10日も日付がずれ、宗教行事の日程が狂うのが困りものでした。これを防ぐために**ローマ教皇がより正確なグレゴリウス暦を発明**し、それが現代まで続いています。

正確な暦が誕生したことで、年中行事が誕生しました。特に有名なのは12月の冬至。1年で最も夜が長くなるこの日は北欧では神への祈りの日として大事にされ、やがて**キリスト教が広まるとキリストの生誕祭、クリスマスとなりました。**世界中の人が同じ日にお祝いができるのは正確な暦がつくられたおかげなのです。

日本は長く太陰太陽暦を用いていましたが明治以降、グレゴリウス暦に変更されました。しかし以前の暦は旧暦として、生活の中に残り続けています。

マメ知識

お金の支払日が語源？

カレンダー

暦が使いやすいように、月や週をわかりやすく並べたカレンダー。その語源はラテン語で月初を意味する「カレンダエ」と、帳簿を意味する「カレンダリウム」である。古代ローマでは月初が税金などの支払日とされており、その際に「カレンダリウム」と呼ばれる帳簿をつけて管理をしていた。次第に「カレンダリウム」が月や曜日といった暦を意味する言葉として使われるようになり、「カレンダー」という言葉が生まれた。

暦とともに描かれた行事

日付と星座
その月の仕事や貴族の行事の様子

「ベリー公のいとも豪華なる時祷書」

中世の装飾写本である「ベリー公のいとも豪華なる時祷書」には、暦とともに中世ヨーロッパの1年の暮らしが描かれている。5月のカレンダーには「若葉狩り」という行事で、若葉でつくった飾りをつけて森へ入る貴族たちが描かれている。

0 ゼロ

無限の数を表現できるようになった

なにが起きた？

ないものをあることにした記号

数字が誕生したのは紀元前のことです。しかし、その時代にはまだ複雑な計算式は発明されていませんでした。というのも数字は物を購入、交換する程度でしか使用しなかったからです。数を数える時は、指を使う指算がメイン。そのため指の数に合う5進法や10進法が発展したといわれています。

そんな中、インドでアラビア数字（正式にはインド数字）が発明されます。アラビア数字の特異な点は、**他の数字に存在しない「ゼロ」を用いたこと**です。数としては存在しませんが、ゼロのおかげで100なのか1000なのかという位取りが示されました。ゼロは画期的な考えとして、**急速にインドに広がった**のです。

時代
5～7世紀頃

場所
インド

発明者
ブラーマ・グプタ

【数字の変遷】

ローマ	I 1	V 5	X 10	L 50	C 100	IↃ 500	CIↃ 1000				CIↃ IↃ CCCCL 1000+500+4×100+50
中国	一	二	三	四	五	六	七	八	九	十	一千九百五十
インド	१	२	३	४	५	६	७	८	९	०	१९५०
アラビア	١	٢	٣	٤	٥	٦	٧	٨	٩	٠	١٩٥٠
現代（算用数字）	1	2	3	4	5	6	7	8	9	0	1950

ゼロが生み出される

ゼロの概念を持つインド数字は、8世紀頃にイスラーム世界へと伝播し、現代で使用されているアラビア数字へと変化していった。

ローマや中国での
数字に比べて、ずいぶん
書きやすく変化したから、
計算もしやすく
なったんだ

ポイント

インドで誕生し西欧へと伝播したゼロは、高度な計算を可能にし、科学の発展を支えた。

こう変わった！

高度な数学や科学が生まれた

数字にはアラビア数字だけではなく、ローマ数字も存在します。ⅠⅡⅢ……といった、アルファベットで数字を表す考え方です。ただローマ数字はラテン文字を使っているため、数に限りがあり、4000以上の数字を表現することができませんでした。しかしアラビア数字の元となったインドの数字には**ゼロがあるおかげで、無限に数字を表すことができます。**つまり、高度な計算にはうってつけでした。

このアラビア数字はインドからイスラーム、西洋へと伝わりました。数学の研究が進んでいた西洋で、ゼロに目を付けたのがイタリアの数学者フィボナッチです。フィボナッチ数列で自然法則を解いた人物でもある彼がゼロの概念を西洋に紹介したことで、存在しない数字が世界各地に広まったのでした。

この**ゼロという考え方のおかげで膨大な数の計算が行えるようになりました。**また、計算を行うための高度な公式が生み出され、それは科学の発明や現代のハイテク技術を生み出すきっかけになっていくのです。

KEY PERSON

ゼロの発明者？

ブラーマ・グプタ

古代マヤ文明において「なにも数字が入らない」ことを表す記号はすでにあった。しかし、数学的な意味でのゼロの概念をつくりだしたのは、古代インドの数学者ブラーマ・グプタだとされている。628年に彼が著した『ブラーマ・スプタ・シッダーンタ』には「いかなる数に0を乗じても結果は常に0である」「いかなる数に0を加減してもその数の値に変化がおこらない」というゼロの概念が書かれている。

世界に広まったゼロの概念

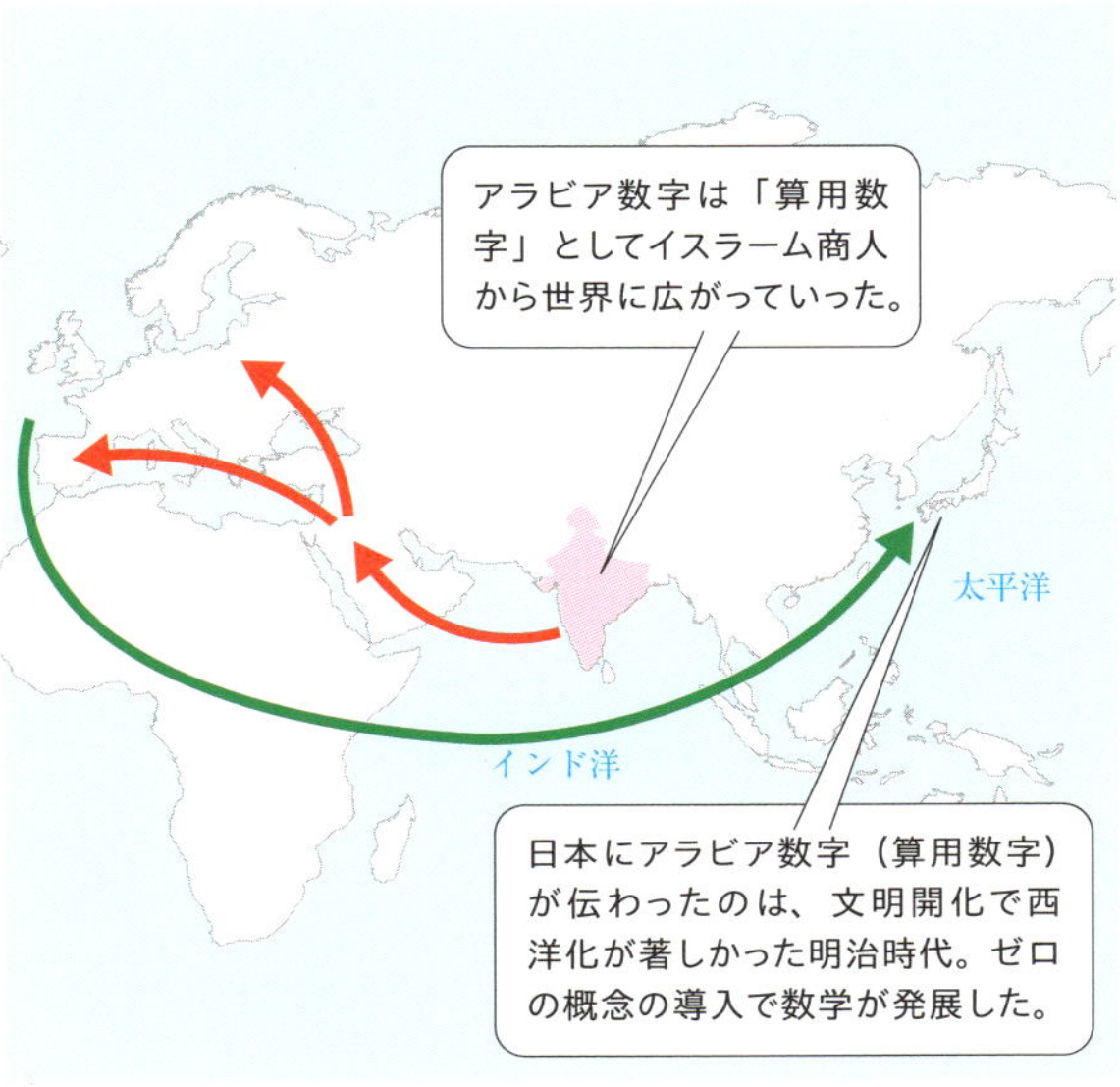

アラビア数字は「算用数字」としてイスラーム商人から世界に広がっていった。
太平洋
インド洋
日本にアラビア数字（算用数字）が伝わったのは、文明開化で西洋化が著しかった明治時代。ゼロの概念の導入で数学が発展した。

発明
こぼれ話

古代の天才数学者
アルキメデスの発明

発見、発明をした時の喜びを表す「ヘウレーカ！（わかったぞ！）」はアルキメデスの言葉とされている。
「アルキメデスの原理」と呼ばれる物理学の法則を発見したことで知られるアルキメデスは、紀元前３世紀のギリシア人。生涯についてはあまり詳しいことはわかっていないが、晩年については逸話がいくつか残されている。

アルキメデスはシチリア島の植民都市シラクサ出身で、故郷が第２次ポエニ戦争でローマ軍に攻撃された際、様々な「発明品」によって敵を苦しめたという。「アルキメデスの熱光線」はレンズで太陽光を集めて敵艦隊に照射し、燃やしてしまうというもの。「アルキメデスの鉤爪」はクレーンについた鉤爪で敵船を引っ掛けて転覆させる兵器だ。当時最強のローマ軍もこの未知の兵器に苦しめられ、海からの攻撃をあきらめざるをえなかった。しかし、戦いはアルキメデスの奮闘虚しくローマ軍が勝利。シラクサは占領されてしまう。彼の才能はローマにも知れ渡っており、ローマ軍には彼に危害を加えないよう命令が出されていたが、兵士が知らずに殺してしまった。

殺される時、アルキメデスは夢中になって地面に図形を描いていたという。もしかするとそれは世紀の大発見だったかもしれない。

17 世紀に描かれたアルキメデスの肖像画

「てこ」と「滑車」の仕組みを利用してつくられたと考えられている「アルキメデスの鉤爪」

第 2 章

中世・近世の発明

世界三大発明と呼ばれる火薬・羅針盤・活版印刷が登場します。
それらがヨーロッパに伝わったことにより、
大航海時代が始まり、宗教改革が起こりました。
この時代の発明は世界の距離を一気に近づけたのです。

ヨーロッパの歴史を動かした産業

毛織物

時代

14世紀

場所

フランドル地方

ポイント

寒冷なヨーロッパで需要のある毛織物は戦争を巻き起こすほどの重要産業だった。さらには社会構造まで変えていく。

なにが起きた？

厳しい寒さをしのぐ衣類が誕生

人類が衣服を身につけるようになったのは石器時代のことでした。その頃の服は獣の皮を使った簡単なものでしたが、やがて亜麻布（リネン）や羊毛（ウール）からできた布で衣類がつくられるようになります。

羊毛を刈り取って織物にすることは古代メソポタミアの頃にはすでに行われており、皮を使わないことで羊を殺さずに、何度も利用できるというのは人類にとってまさに発明でした。

寒冷地が多いヨーロッパでは、暖かい毛織物が好まれました。羊毛の産地として知られているのがイギリスで、そしてその羊毛を輸入して毛織物の生産を行っていたのはフランドル地方でした。

毛織物産業が変えた社会構造

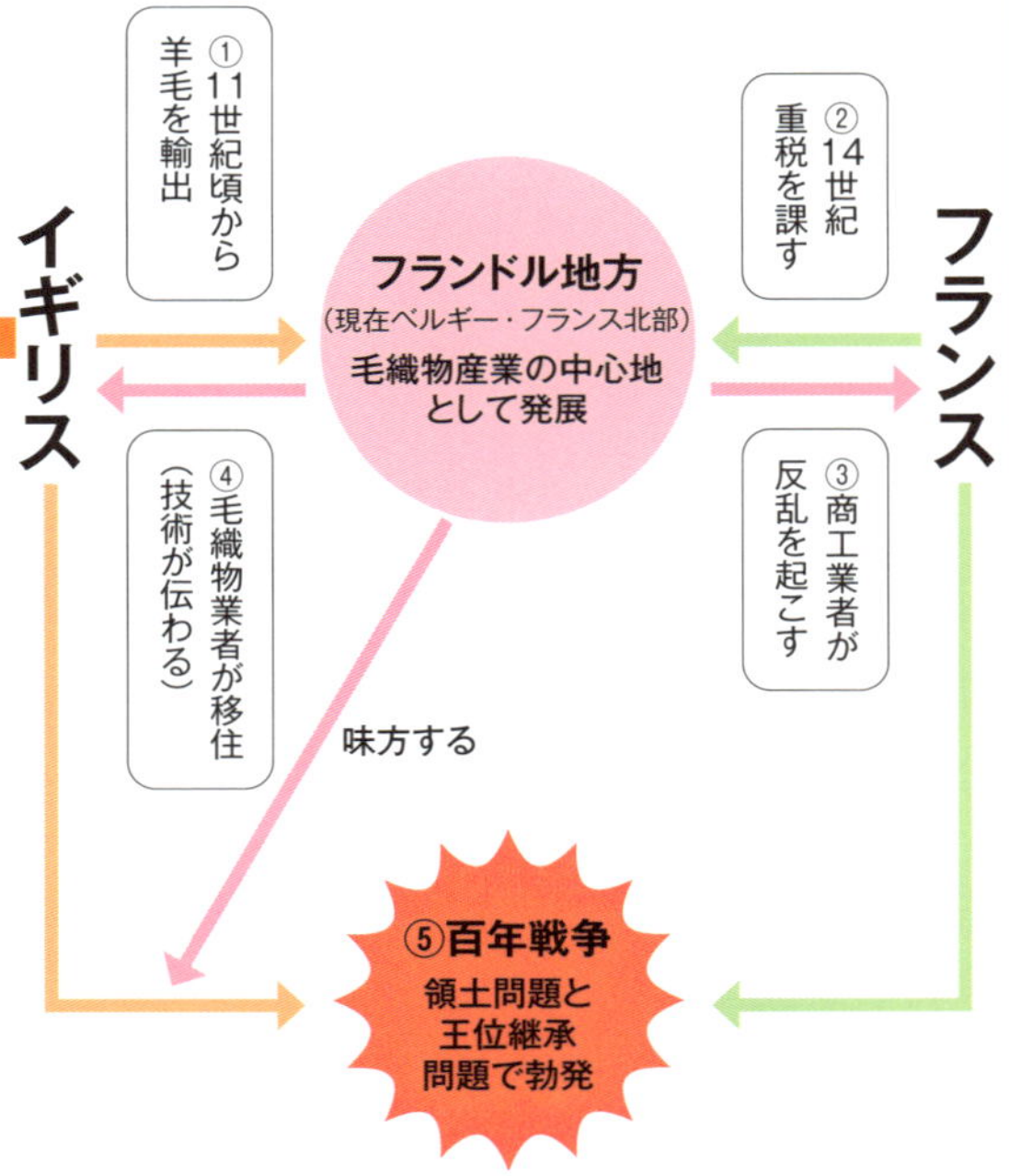

フランス
イギリス
フランドル地方
(現在ベルギー・フランス北部)
毛織物産業の中心地
として発展
①11世紀頃から
羊毛を輸出
②14世紀
重税を課す
③商工業者が
反乱を起こす
④毛織物業者が移住
(技術が伝わる)
味方する
⑤百年戦争
領土問題と
王位継承
問題で勃発

こう変わった！

百年戦争の原因になった

フランドル地方が国際的な商品として取引される上質な毛織物の生産で繁栄していた一方、イギリスは羊毛の産地でしかありませんでした。そのため、イギリスはフランドルの領土を狙うようになります。**1339年に始まったイギリスとフランスによる百年戦争のきっかけはいくつかありますが、じつは毛織物産業をめぐる戦争でもあったのです。**

戦争自体は最終的にフランスが勝ったものの、フランドルの織物職人たちはフランス王の圧政を嫌ってイギリスに逃げ込みました。職人とともに織物の技術も流れ込むことになり、イギリスで毛織物産業が繁栄することになります。

15世紀末になると、イギリスでは農地の牧羊地への転換が強制的に行われます。農地を奪われ離村した農民たちは工場制手工業の賃金労働者へと変化していきます。イギリスの毛織物産業の発展と、賃金労働者の発生は、その後イギリスにおとずれる産業革命の重要な要素となっていきます。

イギリスで毛織物産業が発展

15世紀末

領主が農民から畑を取り上げ羊を飼うための牧場に転換

第1次エンクロージャー（囲い込み）

生垣や石垣によって区切られた「囲い込み地」

土地を奪われた農民が地主に雇われたり、都市に出て働いたりするようになる

賃金労働者が生まれる！

マメ知識

羊が人間を食べる!?

トマス・モアの告発

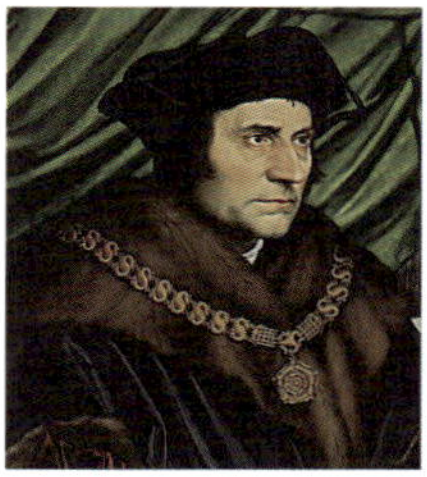

イギリスの法律家。社会風刺した著書『ユートピア』で知られる。囲い込み政策については、羊を飼うために農民が駆逐される状況を「羊が人間を食べ尽くしてしまう」と批判した。

世界を変えた三大発明のひとつ

火薬

時代

11世紀

場所

中国（宋）

なにが起きた？

人類初の実用的爆発物

すさまじい威力ですべてを木っ端微塵にしてしまう火薬。この火薬を生み出したのは中国でした。

それは軍人でも研究者でもなく、不老不死の薬を求める道士たちだったといわれています。硫黄と硝石、木炭を混ぜて妙薬をつくろうとした際、偶然にも火薬が誕生したのです。この発明を行った道士はそのすさまじい威力に火傷を負い作業場も燃えてしまう被害に遭うほどでした。しかしこのことから中国は火薬という爆発物を自由につくれるようになり、さらに**中国の王朝を滅ぼしたモンゴル軍が戦争で用いた**ことで、**火薬はイスラーム、ヨーロッパへ広がっていくことになります。**

【モンゴル軍が使った「てつはう」とは!?】

「蒙古襲来絵詞」にはモンゴル軍（元）が使用した火薬兵器「てつはう」が描かれている。爆発する際に中に入れられた鉄片が飛び散るしかけであったと考えられる。

どれくらいの
殺傷力があったのかは
わかってないんだ

ポイント

火薬は中国で発明されると、軍事利用されるようになった。戦場で実用化されるまでは時間がかかったものの、着実に進化した。

こう変わった！

強い殺傷力を持つ兵器が生まれた

中国で生まれたこの黒色火薬は湿気に弱いものの、保管方法さえ誤らなければ長期間安定して使えるのが利点でした。激しい攻撃力とその安定性から、発明した中国では早々に兵器としての活用が研究されたといいます。火薬を詰めた竹筒に矢をつけ、その矢を飛ばして爆発をおこさせる火矢を開発。また金属に火薬を詰めて吹き飛ばす簡易的なロケットもつくり上げ、それはのちに大砲の発明につながりました。**火薬は非常に強い殺傷力を持つことから弓矢に代わる武器として、また堅牢な城を潰すための攻城兵器としても研究が重ねられ、戦争で使われるようになりました。**

しかし火薬の使用方法は武器ばかりではありません。採掘場で大きな石を砕いたり、建物を崩すのにも役立ちます。さらに多くの人の目を楽しませる美しい花火も火薬が原料です。1605年、イギリスで国王暗殺を狙った「火薬陰謀事件」が起きましたが、未遂に終わりました。これを記念して現在でも事件翌日の11月5日には毎年、花火大会が行われるようになりました。

マメ知識

火薬の平和利用

花火の歴史

火薬からつくられた鑑賞用の花火は14世紀、イタリアのフィレンツェに始まるとされる。キリスト教の祝祭で用いられる火を吐く仕掛けのためにつくられたそうだ。16世紀になると花火はイギリスを中心に大きく発展し、やはり戴冠式や王室の結婚式、誕生日などの王室に関する特別な日を祝うためにテムズ川で打ち上げられていた。日本には火薬と鉄砲と同時期に花火も伝来したと考えられる。

【火薬のヨーロッパ伝来】

ビザンツ帝国を滅ぼした戦いで使用されたオスマントルコの「ウルバン砲」

火薬がヨーロッパに伝わったのは、12世紀頃、十字軍遠征の際に、イスラーム商人によってもたらされたと考えられている。中世末期の英仏百年戦争では大砲が使用されたとされるが、この頃はまだ轟音で敵を混乱させる程度で本格的な破壊兵器ではなかった。しかし、銃器の普及は近世以降、戦争を大きく変えることになる。

軍隊を近代化させ、戦争を一変させた発明

銃（火器）

時代	15世紀（マスケット）
場所	ドイツ他

ポイント

攻撃や防衛など戦い方はすべて銃を基準にして変わった。また、庶民でも戦争に参加できるようになり兵士の数が拡大した。

なにが起きた？

兵士の強さから武器の強さへ

人類が最初に使った武器は、木や石などを削ってつくったような簡単なものでした。やがて鉄の鋳造技術が広がると鉄の武器が生み出されますが、まだ形態は剣や弓矢のまま。しかしやがて武器の歴史に大きな転機が訪れました。それが火器の発明です。

火薬で飛ばす矢から発想を得て、鉄の筒に火薬を詰め込んで飛ばす大砲がつくられました。しかし大砲を動かすには多くの兵が必要です。そこで大砲を簡易化、小型化していくうちに持ち運びのできる手砲が生まれ、銃の発明につながりました。**銃は引き金さえ引けば誰でも使うことのできる武器です。戦いは兵士の強さより武器の強さに左右されるようになっていくのです。**

【銃が庶民を兵士に変えた】

それまで、戦争をするのは王侯貴族、騎士、傭兵などの訓練された専門家だった。しかし、銃は庶民でも比較的すぐに扱えたため、国民国家が生まれると、庶民による国民軍が誕生することとなった。

フランス国民が義勇軍として戦ったヴァルミーの戦い

こう変わった！

戦争や城の形態が変わった

銃の技術はヨーロッパへと伝わり、一気に進化しました。初期に発明された銃は、**筒に入れた点火薬に火を付けることで火薬を爆発させて銃弾を発射する火縄銃です。**この火縄銃を最初に戦争で用いたのはスペイン軍でした。チェリニョーラの戦い（1503年、南イタリア）で火縄銃部隊を編成し、フランス軍を打ち破ったのです。銃の威力を目のあたりにしたヨーロッパでは、弓矢ではなく銃を使った戦いにシフトしていくことになります。また同時に大砲や銃から身を守るため城壁の形も変化していきました。

また日本に火縄銃が伝来したのは戦国時代のこと。織田信長はこの新しい技術を使って武田軍との戦いである長篠の戦いに挑み、圧倒的な力で勝利を収めました。このようにすさまじい殺傷力を持つ火縄銃ですが、難点は点火するまで時間がかかることです。しかし薬莢の発明によって発射までの時間を短縮したライフル小銃が誕生。さらに持ち運びが楽な小型拳銃など、銃は近代まで進化を続けています。

【銃の登場で変わる「防御」】

戦国末期、日本では「当世具足」という甲冑が主流になる。動きやすさを重視する一方、隙間を埋めるように全身を保護したのは銃弾対策だ。ヨーロッパのプレートアーマーも銃弾を防ぐために発展していったが、銃の威力や射撃速度が改良されていくと、廃れていった。また、防衛施設である城も変化する。それまで日本では地形を利用した山城が主流だったが、銃弾の届きにくい幅の堀をつくり、防御力を高めるための石垣を持つ近世城郭がつくられるようになった。

近世城郭の特徴である石垣や水堀を持つ松本城

プレートアーマー

銃 の進化

歩兵の歴史を変えた銃は今も進化中

15 世紀

点火方式の発展マスケット

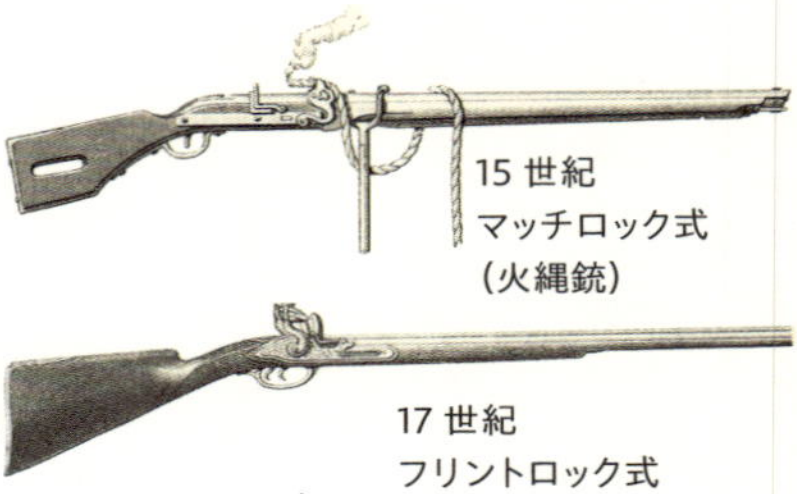

15 世紀
マッチロック式
(火縄銃)

17 世紀
フリントロック式

ここが変わった

初期の小銃(マスケット)はマッチロック式といって、いわゆる火縄銃だった。その後、17 世紀に火打石を使ったフリントロック式、19 世紀に雷管を使ったパーカッションロック式という機構が発明され、射撃速度や安定性が向上していく。点火方式は変わったものの構造自体は変わらない。

19 世紀

世界大戦で歩兵の主力武器ボルトアクションライフル

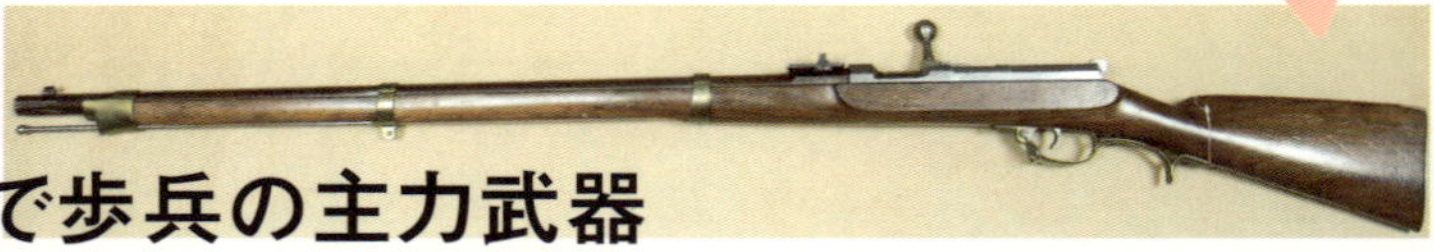

1841 年、世界初の
ボルトアクション式「ドライゼ銃」

ここが変わった

銃身内の螺旋構造で弾丸を加速させ、威力と直進性を高める「ライフル」と、速射を可能にした「ボルトアクション」は、19 世紀以降、小銃の主役となり、オートマチックライフルが登場するまで使われた。

19 世紀

西部開拓時代に活躍リボルバー(回転式拳銃)

1848 年、
リボルバー拳銃
「コルト・ドラグーン」

ここが変わった

回転する弾倉によって弾が装填されるリボルバー拳銃は西部劇のガンマンでもおなじみ。コルト社のシングル・アクション・アーミーはアメリカ軍の基本装備になった。

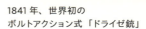

1884 年、世界初の全自動式機関銃「マキシム機関銃」

1884年

塹壕戦の主役マシンガン（機関銃）

ここが変わった

マシンガンは弾薬を自動的に装填しながら連続発射するもの。この機関銃の登場により、歩兵は敵陣に近づくことができなくなり、塹壕戦が一気に停滞するきっかけとなった。

ソ連製「RPG-7」

1960年代

紛争地帯の代名詞グレネードランチャー

ここが変わった

戦車の装甲を破壊するために開発されたが、戦車以外にも建物を標的とした破壊活動などに使われるため、ゲリラ戦やテロ活動に大量投入されている。

情報が大衆に届くきっかけとなった 活版印刷

なにが起きた？

書物ごとに版木をつくる必要がなくなる

かつて、本をつくるには手書きで写し取るしかありませんでした。日本でも源氏物語や平家物語などは一冊一冊和紙に写し取り、ヨーロッパではパピルスや羊皮紙に書き写したものに表紙を付けて本にしました。このように**大変な労力がかかることもあり、本は高貴な人々しか目にすることができなかったのです。**

やがて中国で文字を彫った文字型に墨をつけて押す木版印刷が発明されます。しかし土台が木なので長持ちしません。それを改良したのがドイツの金細工師、グーテンベルク。彼は金属でつくった文字型を使う活版印刷をつくり上げます。これは版木をつくる手間が省けるだけでなく大量印刷が叶う画期的な発明でした。

【ヨーロッパで普及したのはなぜ？】

ヨーロッパ
写本文化
一冊ずつ人の手で書き写す

中国など
木版印刷
ひとつの決まった文面にしか使えない

活版印刷とは

一文字ずつ彫られた「活字」を組み合わせて、どんな文章にも対応できるようにしたもの。

活字。これを箱のなかに並べて文章にする。中国の宋で最初に活字がうまれたが、普及していない。アルファベットは26文字しかないためヨーロッパでは一気に普及した。

時代
15世紀

場所
ドイツ

発明者
グーテンベルク

ポイント
庶民階層も情報に接触しやすくなった。ルターの宗教改革には活版印刷が大きな役割を果たした。

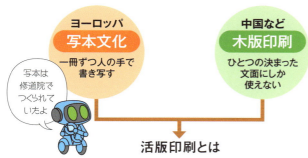

こう変わった！

宗教改革が始まった

活版印刷とは、今でいうスタンプのようなものです。一文字ずつ金属で文字型をつくり、それを文章になるようプレス機に並べます。文字面にインクを付けて押し込むことで一気に文字を写し取れるのです。大きなプレス機に文字型をセットすれば、1時間に240ページもの印刷ができたといわれています。

グーテンベルクが最初に取り組んだのは聖書の印刷でした。活版印刷が発明されるまで、聖書も写本でつくられていたのです。しかし印刷機のおかげで大量印刷ができるようになると、富裕層だけでなく誰でも聖書に触れることができ、庶民の識字率が上がりました。そしてキリスト教も全土に伝わったのです。

また、中世ヨーロッパは教会が強い力を持っていましたが、それに誰も疑問を抱きませんでした。やがて流通した聖書を学んだ青年ルターが「聖書の教えに帰るべき」と声をあげたことで、神学者たちが教会と対立する騒ぎになります。**活版印刷の発明は、キリスト教を巻き込む宗教改革の始まりとなりました。**

日本では？

日本初の出版社!?

徳川家康の駿河版

日本に活版印刷技術がもたらされたのは1590年、イエズス会によってだった。そして日本で本格的に活版印刷を推し進めたのは徳川家康である。将軍位を息子に譲ると駿河で出版事業を始める。9万文字の金属活字をつくらせ、『大蔵一覧集』などがつくられた。駿河版と呼ばれるが、家康が亡くなると一気に衰退してしまう。ふたたび活字がつくられるようになるのは幕末の頃である。

【印刷が起こした革命】

1445年に、ドイツのグーテンベルクが劣化しにくい金属活字をつくり、活版印刷を実用化させた。1時間に240枚印刷することができたという

＋

聖書は、これまで知識階級しか読むことができなかったラテン語で書かれていたが、マルティン・ルターがドイツ語に翻訳

世俗権力に執着する教会よりも聖書のほうが大事!!

←

庶民の言葉で書かれた安価な新約聖書とともにルターの思想も広まる

宗教改革が起きる

大航海時代に必須のアイテム

羅針盤

時代

11世紀頃

場所

中国（宋）

なにが起きた？

天体観測以外で方角を知ることができた

古代の人たちが東西南北の方角を知る方法、それは星や太陽の位置を見て推測することでした。しかしこの方法は曇りや雨の日には使えません。そのため、海上の旅は常に命がけでした。

一方**中国では、磁気を持つ石が地球の磁場に引っ張られて常に同じ方角を指すことが古くから知られていました。**そこで石の向く方向で方角をはかる指南器や、磁石を水に浮かべて方位を測定する指南魚などの簡易的なコンパス（羅針盤）が多くつくられていました。この技術はやがてヨーロッパに伝達、さらに発展を遂げることになります。人々は天体以外で方角を把握できるようになったのです。

大航海時代の経済活動

羅針盤がもたらした大航海時代の到来は世界にはかりしれない影響を与えた。ヨーロッパ人の経済活動は地球規模になり、交易は流通や価格、商業に革命を起こし、植民地政策は帝国主義の幕開けとなった。

北京
明
銀
長崎
絹
生糸
マカオ
銀
フィリピン
マニラ
太平洋
ゴア
カリカット
マラッカ
モルッカ諸島
（香料諸島）
インド洋
香料
モンバサ
キルワ
銀
香料、コショウ、絹
ザンビーク

中南米や日本の銀が
国際通貨として広まって
世界が一体化して
いったんだね

ポイント

羅針盤によって遠洋航海が可能となり、交易は世界規模になった一方、新天地の征服など、後の植民地主義につながった。

こう変わった！

大航海時代が始まった

　まず羅針盤の技術が使われたのは、船の上でした。揺れる船の上でも針が水平になる羅針盤がイタリアで発明されたことで、天候に左右されず目的地にたどりつけるようになったのです。海洋のはるか遠方には黄金の国があると噂されていたこの時代、各国は総力を挙げて船をつくり、冒険家を海へ送り出しました。大航海時代の始まりです。

　羅針盤を手にしたコロンブスはアメリカ大陸に到達し、スペインのマゼラン船団は世界一周の夢を叶えるなど、次々と航路が広がっていきました。そのことで、新天地を発見したスペインやポルトガルは、交易で盛り上がることになります。ただし同時に新天地の征服など、負の歴史を刻むことにもなりました。

　冒険家を海へと連れ出した羅針盤の技術はさらに発展を続け、現代人も気づかない間にその恩恵にあずかっています。例えば宇宙を飛ぶ人工衛星から電波を送って位置を把握するＧＰＳ（全地球測位システム）は現代の羅針盤として日々の生活を支えているのです。

KEY PERSON

15世紀の大航海

鄭和《ていわ》の大遠征

鄭和は明朝の永楽帝の命令によって、朝貢貿易の拡大のために、艦隊を率いて大航海に出た人物。この時の航海にすでに羅針盤は使われており、インドのカリカット到着はヴァスコ・ダ・ガマよりも100年近く早い。鄭和は1405年から1433年まで7度にわたる航海で、マラッカ海峡のマラッカ王国、アラビア半島のメッカ、東アフリカのマリンディなどにも訪れている。どの航海も約2万人の乗組員を持つ大艦隊だった。

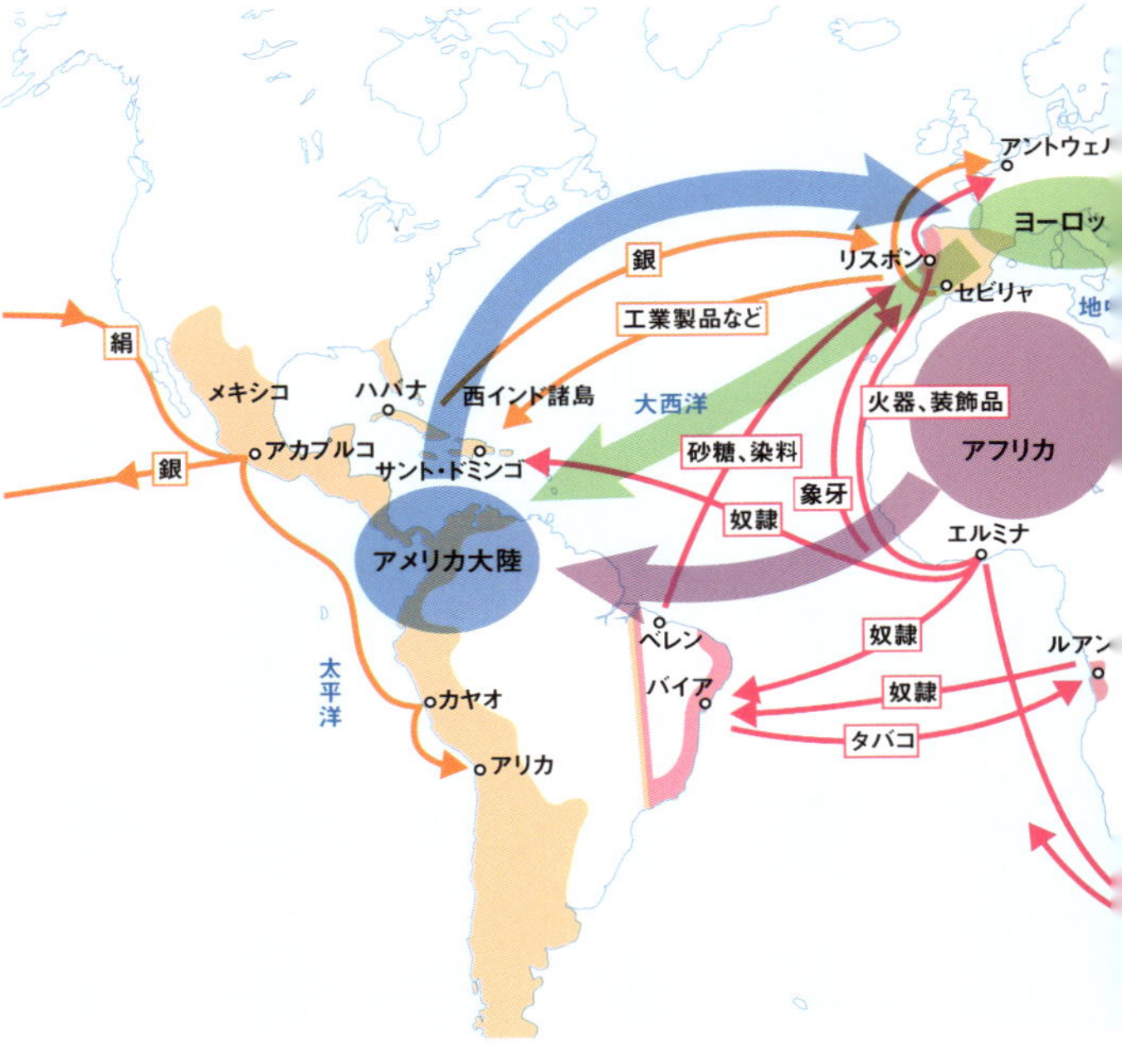

未知への冒険が世界を広げる！

世界地図

時代

1569年

場所

ドイツ

発明者

メルカトル

ポイント

本格的な地図は古代にあったものの、一度は途絶え、大航海時代に再発見される。

なにが起きた？

世界の全体像を知ることができた

世界で一番古い地図は紀元前のバビロニアで発掘された粘土板です。**地図がつくられた目的は土地を測量して税金を集めるためでした。** またエジプトでもナイル川が洪水を起こすたびに測量を行う必要があったため、古くから測量の技術を持っていたとされます。

測量の技術はギリシアに伝わり、世界地図がつくられました。最初の地図は地球が平らに描かれるなど正確性に欠けるものでしたが、十字軍遠征などを経てヨーロッパの人々は他国の地形を把握、さらに大航海時代には地球が丸いことも判明し、遠方の地形も地図に反映されました。世界へ進出するごとに地図は広がり、人々は地球全体を知ることができたのです。

【キリスト教世界観の地図】

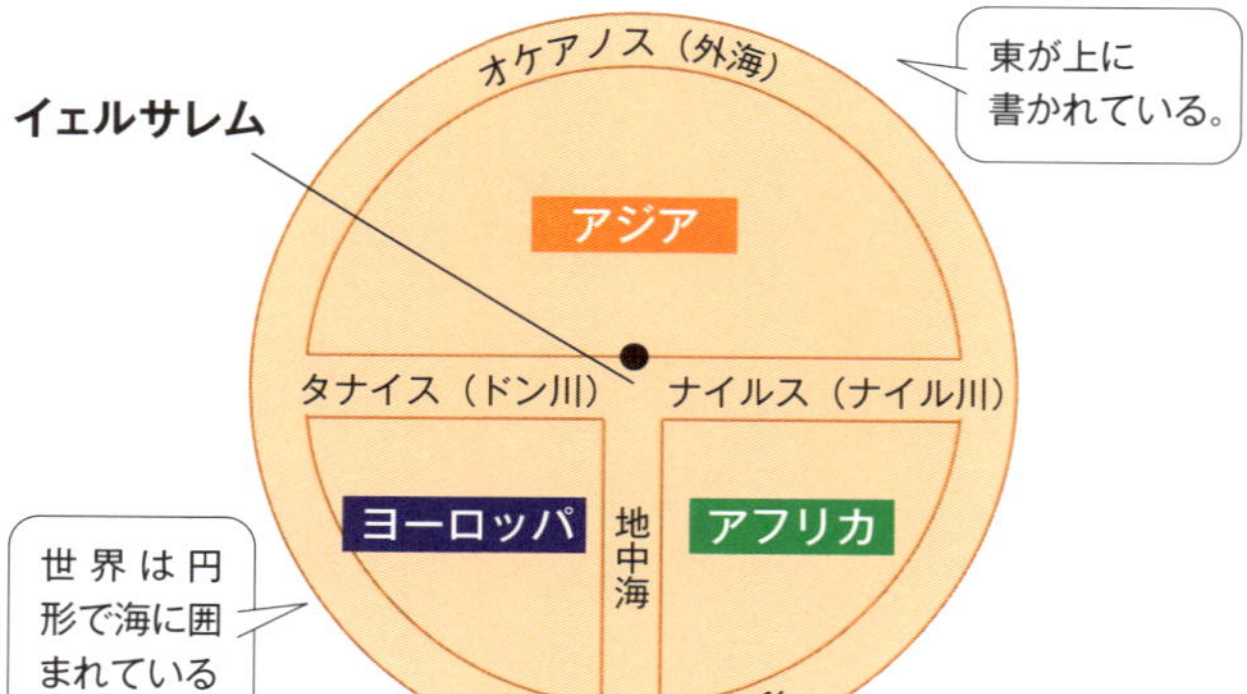
イェルサレム
オケアノス（外海）
東が上に書かれている。
アジア
タナイス（ドン川）
ナイルス（ナイル川）
ヨーロッパ
地中海
アフリカ
世界は円形で海に囲まれている
オケアノス（外海）

中世になるとキリスト教の価値観によって世界は認識されるようになっていた。エルサレムを中心に、ヨーロッパ、アジア、アフリカの大陸がある。アジアには楽園（エデン）があるとされる。この地図はその形から「TO図」と呼ばれている。この時代の世界地図だが、実用性はまったくない。

こう変わった！

新大陸に到達できた

とはいえ地図が完成するまでは長い月日がかかりました。**最初に本格的な世界地図をつくったのは古代ローマのプトレマイオスです。**彼は経緯線を加えた世界地図をつくったことで知られています。足りない国々があったり位置もずれていたりと不完全な地図ですが、この地図が大航海時代に再発見されてコロンブスが新大陸に到達することにつながったのです。

大航海時代に発見された新しい土地や海岸線を元に地図は少しずつアップデートされていきます。やがてネーデルラントの学者、メルカトルが現在とほぼ変わらない地図をドイツで発表しました。今でも海図はこのメルカトル図法が使用されています。

地図帳のことを別名でアトラスといいますが、その名付け親もメルカトルでした。アトラスとはギリシア神話で天球を背負って地上を見つめる神様のこと。メルカトルは地上をよく知る神として、アトラスを地図帳の表紙に描きました。自分の足で測量するしかなかった時代、まさに地図は神の贈り物だったのです。

KEY PERSON

日本全国を実測する偉業

伊能忠敬

日本全国を測量したことで知られる伊能忠敬は、もともと実業家だった。家業の造り酒屋を継ぐと、米問屋や、水運業など事業を拡大し、収入を3倍にするなど大成功をおさめる。日本の測量を始めたのはなんと隠居後の55歳の時。17年の歳月を測量地図に捧げた。

【世界が球体だと証明された】

ヘレニズム文明下で、地球が球体であることは知られていた。それが証明されたのは大航海時代、マゼラン船団の世界周航によってだった。

フェルディナンド・マゼラン
[1480～1521年]

ドイツのマルティン・ベハイムによってつくられた「エルダプフェル」という名の現在する最古の地球儀(1492年)。まだアメリカ大陸が存在していない。

地図 の進化

INNOVATION

世界地図の発展は冒険の歴史

7つの丸は都市を表している
死後の世界
海
バビロン
ユーフラテス川

紀元前7世紀

現存する世界最古の地図 バビロニアの地図

平らな円盤形の世界で、周りは海で囲まれている。首都バビロンを中心に、ユーフラテス川や他の都市が描かれている。この地図は「世界」を表したものではあるが、実際にはバビロン周辺だけが実際のものであり、その周辺は当時の人々の世界観が反映されている。このような想像上の「世界地図」は多くの地域で見られる。

Before

2世紀

科学的に描かれた プトレマイオスの世界地図

ここが変わった

緯度と経度が書かれた初めての地図。天体観測による計算で緯度を計測、また、旅人から日数を聞き出し、距離を計算した。ヨーロッパはかなり正確だが、中東からアジアの距離はかなり誤差がある。

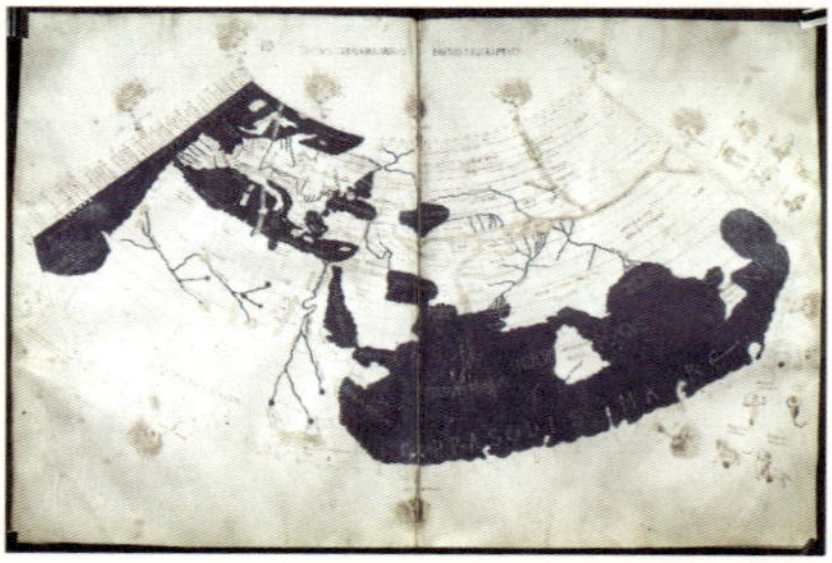

プトレマイオスの著書『地理学』から再現した15世紀の地図

8 世紀頃～

地図としては退化 マッパ・ムンディ

ここが変わった

マッパ・ムンディとは中世を通じて、写本などに描かれた世界地図の総称。この頃のヨーロッパの地図はTO図（→ p.60）の形式にそってイェルサレムを中心にし、東が上に描かれている。宗教的価値観で描かれている。

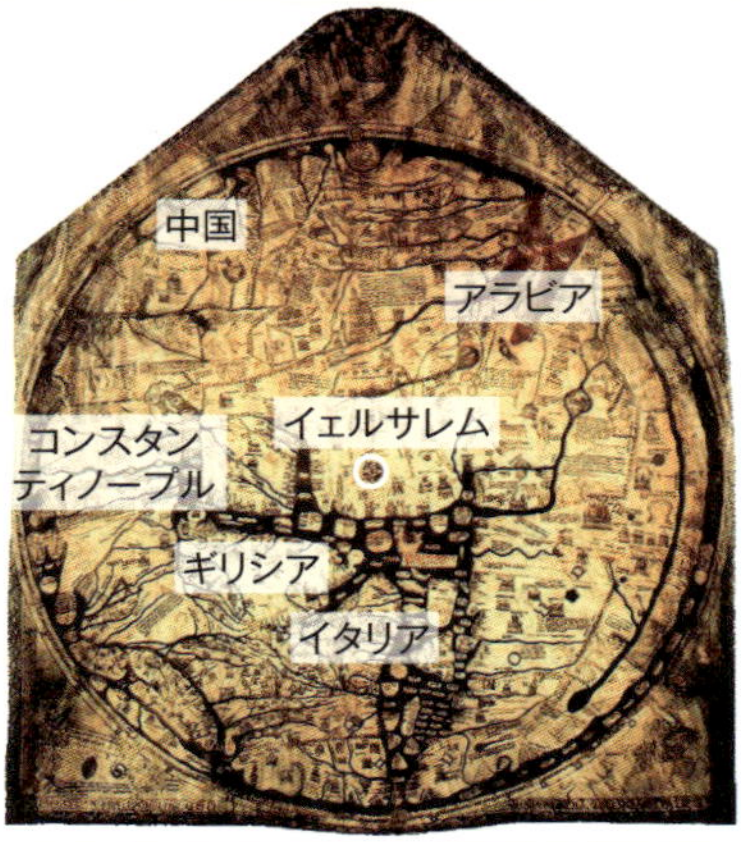

1300年頃に制作されたと思われるヘレフォード図

1507 年

新大陸到達以降ヴァルトゼーミュラー図

ここが変わった

プトレマイオス以来、経度と緯度が記された最初の地図で、アメリカという名を記載した最初の地図でもある。切り取って球体に貼り付けると地球儀になるようにデザインされた。

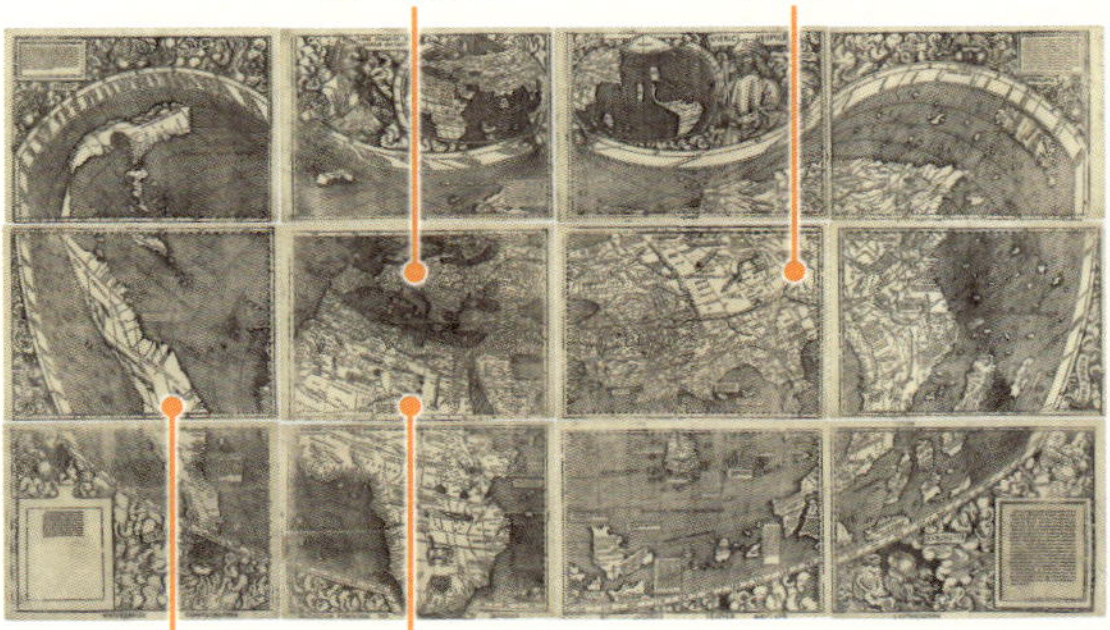

1569 年

航海地図として使われた メルカトル図

ここが変わった

縦横の線が直角に交わり、目的地に向かってまっすぐ進むとたどり着くことができる「角度の正しい」地図。海図としてはかなり正確になったが、北極、南極に近づくほど面積が巨大化してしまう欠点があった。

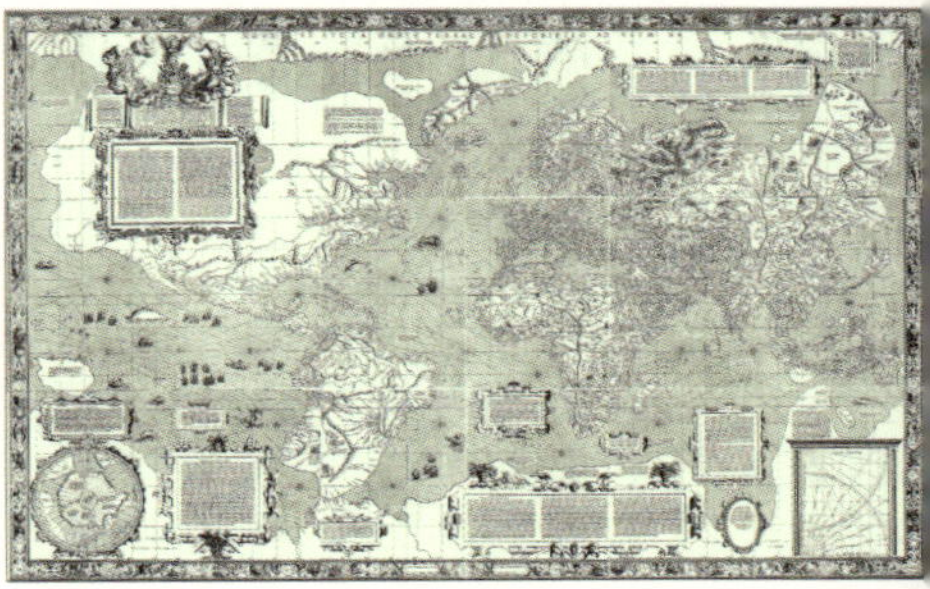

未知の土地へとたどり着く手段

船

時代

15世紀（キャラック船）

場所

ヨーロッパ

ポイント

人類史と同じくらい長い船の歴史。造船技術の発達により、より遠く航路を切り開き、世界が交易を通してつながった。

なにが起きた？

海洋に出ることができた

地球のおよそ7割にもなる海。人々は古代からこの大海原へ繰り出してきました。最初は筏《いかだ》や簡単な船だったため、海に出るだけでも命がけでした。そんな人間と海の関係を大きく変えたのが、地中海のフェニキア人。彼らは海を自由に行き来する海洋民族でした。またのちには船でヨーロッパへ侵略を試みたノルマン人（ヴァイキング）も登場。彼らは大航海時代以前にアメリカ大陸に到達したという説もあります。

さらに、建築技術の向上で船はより大きく丈夫になり、羅針盤が登場したことで人々は海岸線を離れて沖へと繰り出せるようになりました。それは新しい大陸との出会いにもつながったのです。

遠洋航海を可能にした大型帆船

帆（セイル）
帆は船の誕生と同じくらい昔からあると考えられている。
帆柱（マスト）
複数のマストは紀元前7世紀頃から地中海で見られた。
舵板（ラダー）
船の進行方向を制御するために船尾に備え付けられた舵。甲板の舵輪で操作した。

こう変わった！

植民地が生まれた

船の技術が上がると、ヨーロッパでは未知の大陸に向けた大航海時代が始まりました。**多くの資材を積み込める大型キャラック船がつくられたことで長距離を進めるようになったのです。**この船で大西洋を横断したコロンブスはアメリカ大陸に到達。ポルトガルのヴァスコ・ダ・ガマはインド航路を開拓します。またマゼランは世界を一周し、人々を驚かせました。

このように世界が一体化する一方、ヨーロッパの勢力の南北アメリカ大陸、アジア、アフリカへの進出は交易ばかりではなく、侵略という側面もありました。船の発展は先住民迫害、植民地という負の遺産も生み出す結果にもなったのです。

しかし船はその後も進化を続けます。帆だけでなく、蒸気機関で動く船も登場。さらに遠くの航路まで道が延びました。幕末の日本にやってきたペリー艦隊はまさにこの蒸気船。日本人は見たこともない巨大な船に驚き、黒船と呼びました。そして明治以降、日本も海洋研究を深め、世界へ漕ぎ出すことになります。

日本では？

鎖国中の造船技術は？

日本製のガレオン船

鎖国がしかれた江戸時代、「大船建造の禁」により、大名が和船を建造することは制限された。一方で、朱印船制度（幕府の許可を受けた外交・貿易船）は特別に許されており、三浦按針（ウィリアム・アダムス）が日本初の洋式船（ガレオン船）を完成させた。これ以降、造船技術、航海技術は向上し、鎖国下でもヨーロッパにおくれをとらない技術レベルを持っていたのだ。

3～4本のマストを持つ大型帆船「ガレオン船」は大航海時代を象徴する船だ。

竜骨（キール）
船首から船尾まで通る船の背骨。古代フェニキア人はこの革新で外洋に出ることができた。

船 の進化

人類誕生とともにあり今なお進化し続ける

紀元前4000年頃

東地中海まで航海 パピルスの船

ここが変わった

森や大木のないエジプトなどの地域では葦などが使われた。パピルスを束ねて筏にし、両端をとがらせて船型をつくった。

紀元前3000年頃

地中海で活躍ガレー船

ここが変わった

地中海は穏やかな気候で風にたよった帆船は向いていなかった。そのため、大量の漕ぎ手がいるガレー船が活躍した。さらに漕ぎ手を増やした三段櫂船へと発展していった。

15世紀

遠洋航海を可能にした キャラック船（大型帆船）

ここが変わった

3本のマストを備え、大西洋の高波にも耐えられる大型の船体、大量輸送が可能な船倉を持っている。遠洋航海を前提として開発された。16世紀には改良版である「ガレオン船」が主流になる。

日本で描かれたキャラック船（南蛮船）

1807年

動力革命が起きる
蒸気外輪船

ここが変わった

水車のような装置で水をかいて推進するかたちになった。動力はイギリスの産業革命で登場した蒸気機関だ。

「黒船」と呼ばれたペリー提督のミシシッピ号

1844年

船旅の大衆化
クルーズ客船

ここが変わった

レストランや宿泊設備を備えた海洋クルーズは、海運会社の閑散期対策として始まり、今現在も人気を博している。

1900年に建造されたドイツの客船

1918年

移動する空港
航空母艦

ここが変わった

1918年にイギリス海軍が開発した「アーガス」が世界初の航空母艦だ。これにより航空戦闘機は大洋を越えることができた。

「アーガス」の滑走路

1955年

見えない恐怖
最強の海軍兵器
原子力潜水艦

世界初の原子力潜水艦「ノーチラス」

ここが変わった

潜水艦は1885年に開発され、第二次世界大戦ではUボートが各国の主力艦の数々を沈め、海上輸送路を脅かした。戦後、原子力潜水艦が開発され、原潜の保有が核戦略の重要な役割を持った。

宇宙の謎を解き明かすきっかけに！
望遠鏡

なにが起きた？

肉眼では見えない天体観測が可能に

現代の私たちは宇宙に無数の星があることを知っていますが、古代の人達は肉眼で見える星しか見ることができませんでした。今、遠い星まで見ることができるのは、望遠鏡があるおかげです。

望遠鏡の仕組みは二つのレンズを組み合わせ、1枚のレンズに映したものをもう一つのレンズで大きく見せるというもの。この仕組みを発見したのはオランダの眼鏡職人、ハンス・リッペルスハイです。彼は**2枚のレンズを通して外を見ると遠い教会が近くに見えることを発見しました。**これを聞いたイタリアのガリレオ・ガリレイが自作の望遠鏡をつくり、この望遠鏡によって遠い天体を観測することに成功したのです。

【屈折式望遠鏡の仕組み】

ガリレオ式望遠鏡

1609 年、イタリアのガリレオ・ガリレイが製作

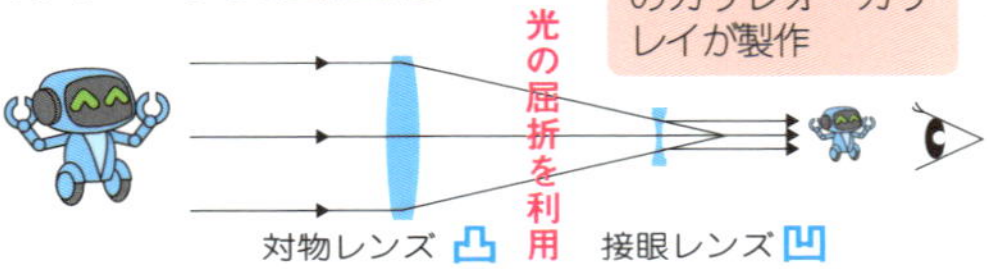

視野が狭く倍率を大きくするのに限界があった

ケプラー式望遠鏡

1611 年、ドイツのヨハネス・ケプラーが考案

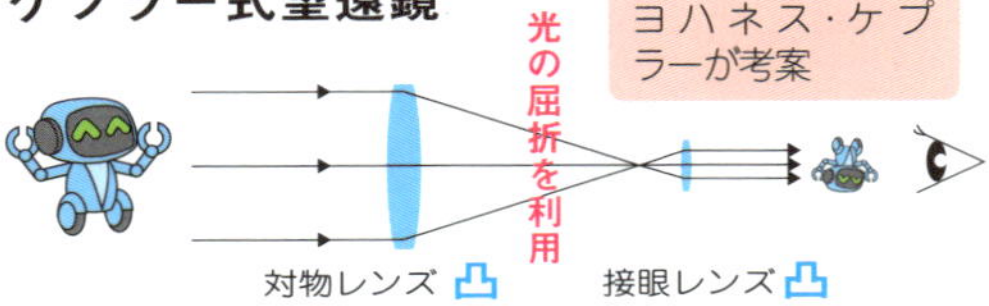

ガリレオ式のほうが安価で映像の上下が正しく見えるので普及した。ガリレオは望遠鏡で太陽のブラックポイント、月のクレーターを発見している。のち鏡で反射させるニュートン式望遠鏡が主流になる（1668 年、イギリスのアイザック・ニュートンが発明）。

時代
1608年

場所
オランダ

発明者
リッペルスハイ

ポイント
肉眼ではわからなかった星空の観測が可能になり、惑星運動が解明されるなど天文学が飛躍的に向上。

こう変わった！

天文学が飛躍的に向上した

　太陽を中心に地球を含めた惑星が回転する、それは現代では常識です。しかし中世ヨーロッパでは地球が宇宙の中心にあり、惑星が地球の周囲を回る「天動説」の考えがあたりまえでした。しかし**ガリレオは望遠鏡で天体を観測し、地球が太陽の周りを回っていることに気づきます。**この「地動説」を発表してしまったため、彼は宗教裁判にかけられました。それでもガリレオは望遠鏡で見た事実を根拠に、けっして折れません。彼のおかげで天文学は大きく発展することになります。

　やがてドイツのヨハネス・ケプラーという天文学者によって、星の動きには規則性があることが発見されました。この発見は、のちにアイザック・ニュートンが万有引力を発見するきっかけにもなります。また、惑星が軌道に乗って回転するというパターンは、人工衛星の打ち上げなど宇宙開発の発展にも寄与しました。

　眼鏡屋の店主が発明したのは小さな望遠鏡です。しかしその小さな発明が、人間を宇宙へと近づける大きな発明のきっかけになったのです。

地動説と天体観測

1543年　地動説の発表

コペルニクスは「太陽が宇宙の中心で、惑星がその周りを回っている」と発表した。その数十年後、ローマ教会は異端とした。

ニコラウス・コペルニクス
［1473～1543年］

1633年　ガリレオ裁判

ガリレオが天体観測によってコペルニクスの地動説の証拠を発見する。しかし、教会から異端として有罪判決を受ける。

ガリレオ・ガリレイ
［1564～1642年］

1665年　万有引力の発見

ニュートンの万有引力発見によって惑星運動が太陽の引力によるものだったことが判明。地動説が理論的に立証される。

アイザック・ニュートン
［1643～1727年］

1838年　地動説が観測で証明される

フリードリヒ・ベッセルによって「年周視差」が観測され、地動説が観測によって立証される。ローマ教会が地動説を認めたのは2008年である。

光学機器の進化

ミクロの世界から宇宙まで！レンズを使った機器

13 世紀頃

初めは老眼用だった眼鏡

ここが変わった

光学機器で最初に実用化していたのは眼鏡だったようだが、発明者は不明。凸レンズによって矯正していたのは老眼だった。1430年代には、凹レンズが近視用の眼鏡に使用された。活版印刷などで文字を読むことが増え、近眼になる人も増えたのではないかと思われる。

17 世紀頃

微生物学が誕生顕微鏡

ここが変わった

初期の顕微鏡はレンズが１枚で、虫眼鏡といってもよいものだった。しかし、オランダの織物業者レーウェンフックのつくった顕微鏡は200倍以上の拡大率で、当時としては画期的な発明だった。彼は歯垢を観察して「細菌」を発見する。

1850年に発明された複合式のケルナー顕微鏡

「微生物学の父」アントニ・ファン・レーウェンフック（1632～1723年）は生涯500の顕微鏡を作製した

現在もGPSのバックアップとして、軍隊などでは使用訓練をしている

1757年

宇宙航行にも使われた技術 六分儀

ここが変わった

天体の高度と水平線の角度を測る目的でつくられた機器。これにより船の位置を知ることができた。じつはアポロ計画においても「宇宙六分儀」が宇宙船に実装されている。

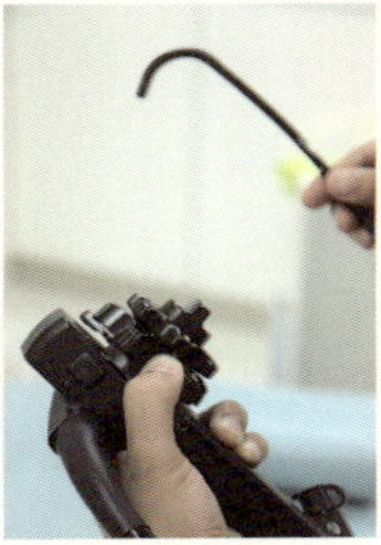

1805年

体内をのぞく内視鏡

ここが変わった

ドイツのボッチニが「導光器」という器具をつくり、尿道や直腸、咽頭の観察を行ったのが始まり。その後、試行錯誤が繰り返され、生きている人間の胃が初めて観察できるものになったのは1868年になる。

1835年

瞬間を切り取る写真機

ここが変わった

目に見えるものを記録する大発明。写真は人々の心を動かした。(→ p.100)

New

2017年

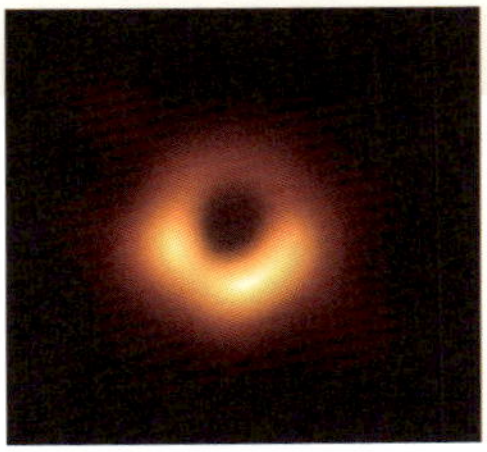

ブラックホール撮影に成功！ イベント・ホライズン・テレスコープ

進化した最新の望遠鏡がついにブラックホールの撮影に成功したことが2019年に発表された。といってもこれはレンズを使った光学機器ではなく、電波を使ったもの。世界にある8つの電波望遠鏡を同期させるという国際協力プロジェクトだ。

発明
こぼれ話

万能の天才ダ・ヴィンチは本当に発明家だった!?

「モナ・リザ」「最後の晩餐」などで知られるルネサンス期を代表する芸術家レオナルド・ダ・ヴィンチは、万能の天才といわれ、美術作品以外にも建築、軍事、解剖学など様々な成果を残している。その研究やアイデアが書かれた手稿は約1万5000ページに及び、そのうちの3分の1が現存しているといわれている。その中には正確な測量を行って描かれた都市の地図も残されており、「地図の父」とも呼ばれている。

さらに1505年頃のものといわれる「鳥の飛翔に関する手稿」には、鳥の翼の空気抵抗や、気流の考察が書かれており、現代でいうところのハンググライダーや、ヘリコプターの概念となるものがイラストスケッチとともに残されている。ちなみにヘリコプターが実際に発明されたのは20世紀初めなので、彼はそのアイデアを400年以上も前に持っていたことになる。

一方で、手稿のイラストをもってなんでも彼の発明としてしまった例もある。例えば「自転車」(1818年、ドイツ)は、後世の別人による落書きだったし、「コンタクトレンズ」(実用化は20世紀)は正確には人工眼球について考えられたもので非現実的なものだった。いずれにしろその観察力、発想力には現代人も驚かされる。

レオナルド・ダ・ヴィンチ
(1452～1519年)自画像

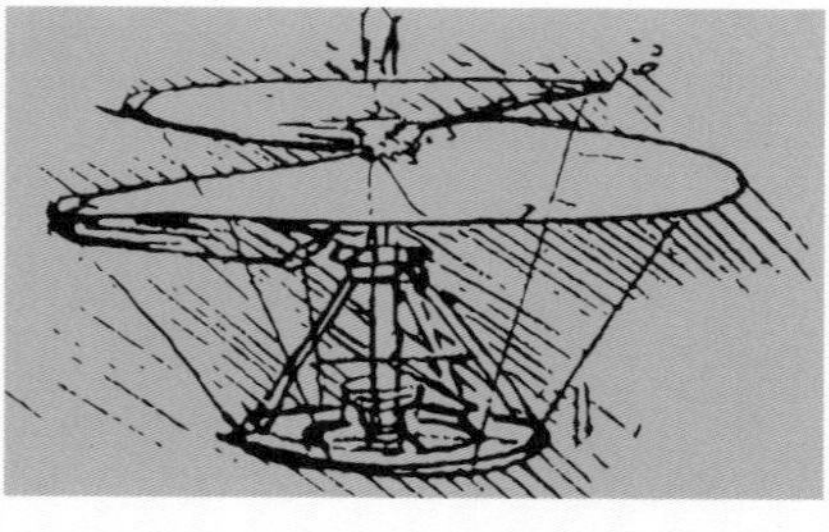

現在ビル・ゲイツが所有する「レスター手稿」に描かれた動力飛行の図。ヘリコプターのように見える

第3章

17〜18世紀の発明

技術の進歩がイギリスで産業革命を起こしました。
蒸気機関による工場生産や鉄道輸送が大量生産を可能にし、
資本家による生産の独占が起きたことで、労働者階層が生まれます。
この時代はまさに発明によって世の中が大きく変わったのです。

保険

万が一に備えた、画期的な相互扶助のシステム

時代
1688年頃

場所
イギリス

発明者
ロイド

ポイント
17 世紀、船乗りが多く利用していたイギリスのロイズ・コーヒーハウスで、海上保険の取り扱いが始まる。

なにが起きた？

「冒険貸借」の制度が航海を支える

みんなでお金を出し合って、困った時に備える保険の仕組みは、古代ギリシアやローマから始まります。

嵐や海賊など、海上の交易は危険が付きものです。そこで、航海前に船や積み荷を担保にお金を借りても、**海難事故にあった際には返済を免除される**、という制度ができました。ただし無事成功すれば、利息をつけてお金を返します。これを「冒険貸借」といいます。

冒険貸借は、紀元前300年頃、**地中海交易が進んでいた共和政ローマで始まりました（海上貸借）**。やがて、大勢の人が保険料を支払い、損害が発生した時に保険金を受け取る海上保険の仕組みができて、海洋交易を支えたのです。

海上保険の原型「冒険貸借」

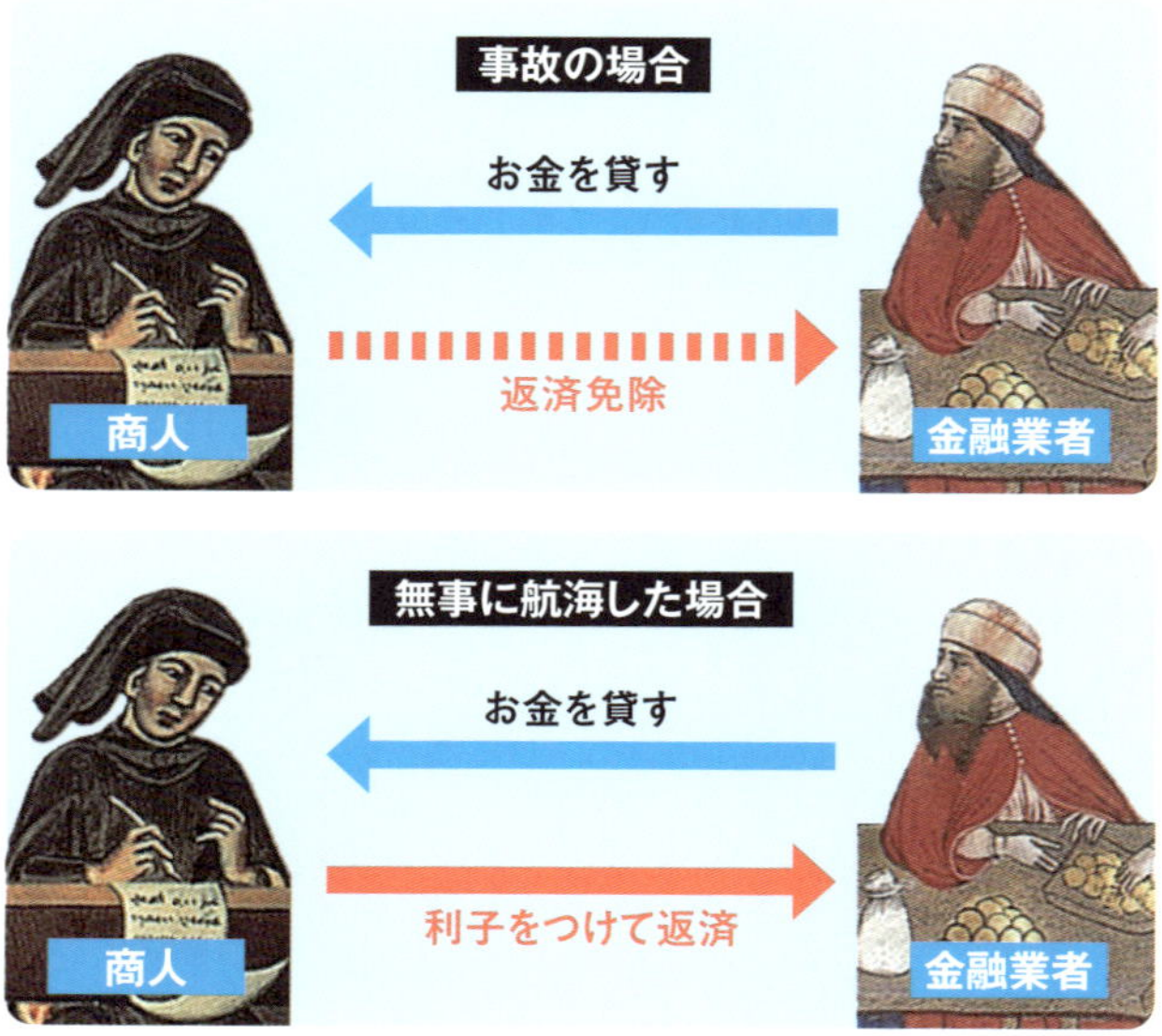

こう変わった！

近代的な生命保険が誕生する

保険が発達したのは、イタリア諸都市やスペイン、オランダなど、すべて海上交易がさかんだった地域です。**近代的な保険制度は、オランダに代わって世界の強国となったイギリスで誕生しました。**

近代的な保険は、ロイドという人が経営したロイズ・コーヒーハウスで生まれました。コーヒーハウス（→P79）では、海運業者や保険業者などが集まって取引や情報交換をしました。これが、現代も存在する世界的な保険業者組合「ロイズ」の始まりです。

1666年にはロンドン大火が発生し、ロンドン市内の大半の家が焼けてしまいました。これがきっかけで、**バーボンという医師が火災保険を発明します。**

ところで、損害保険や生命保険が商売として成り立つには、適切な保険料を設定しなければなりません。それには、事故が起きる確率や、人が亡くなる確率などを正確に計算する必要があります。保険の発達とともに、保険業の中心であるロンドンには世界中の正確な情報が集まるようになりました。

KEY PERSON

生命保険の近代化に貢献

エドモンド・ハレー

ハレー彗星を発見したことで有名な17世紀の天文学者ハレーは、保険や年金を設計する上で欠かせない基礎をつくった人物だ。彼が世界で初めて作成した「生命表」は、特定の年齢・性別における死亡率や平均余命を示すもので、これをもとに掛け金を考える方法がつくられた。

現代の様々な保険

第1分野「生命保険」	生死など、人に関連するリスクの保障 定期保険／終身保険／養老保険／学資保険など
第2分野「損害保険」	物の故障に関連するリスクの保障 自動車保険／火災保険／地震保険／海上保険など
第3分野「医療保険」	怪我や病気・介護に関連するリスクの保障 医療保険／がん保険／傷害保険／介護保険など

日本の保険制度

現代では、民間の保険会社などと契約を交わして保険料を支払う。リスクに応じて第1～3分野に分かれているのが特徴だ。

事業に必要な資金を集めるシステム
株式

時代
1602年

場所
オランダ

なにが起きた？

商人たちが東インド会社を設立

株式会社とは、会社が株式を発行して資金を集め、利益が出た時は株主に分配する、という会社の仕組みです。このおかげで、事業を起こしたい人は多くのお金を集めることができます。

株式会社ができたのは、ヨーロッパ人が一攫千金を求めて海に乗り出した大航海時代のことです。主力商品は香辛料でしたが、皆が競って香辛料をヨーロッパに持ち込んだため、価格が下がってしまいました。

利益を出すには、国レベルで貿易を管理する必要があります。そこで1600年、女王エリザベス1世から特許状を得たイギリスの商人たちが**イギリス東インド会社を設立**し、アジアとの貿易を独占したのです。

【イギリス東インド会社の設立】

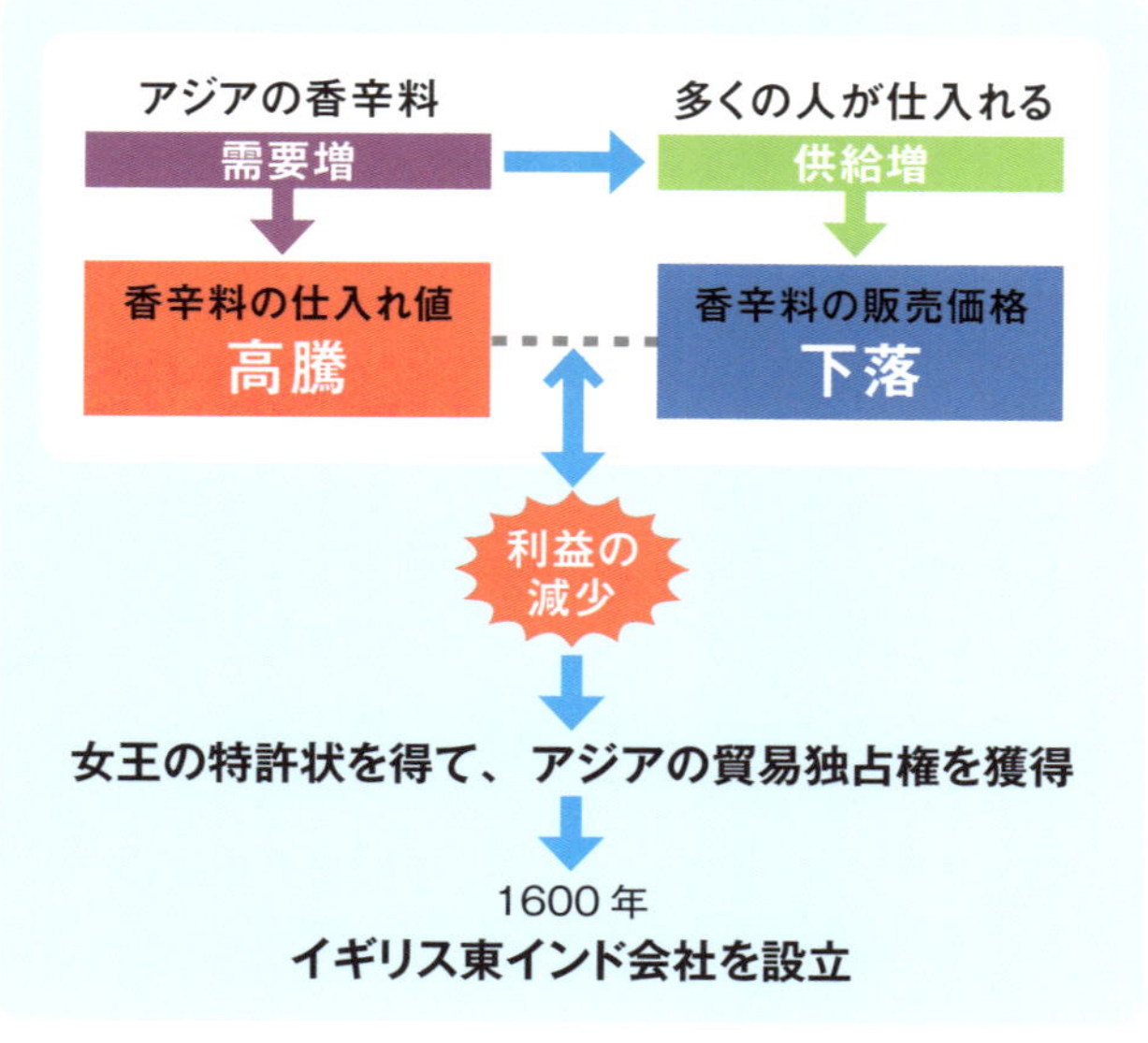

アジアの香辛料
需要増
多くの人が仕入れる
供給増
香辛料の仕入れ値
高騰
香辛料の販売価格
下落
利益の減少
女王の特許状を得て、アジアの貿易独占権を獲得
1600年
イギリス東インド会社を設立

ポイント

アジアの香辛料を求めた大航海時代で、航海に必要な出資を得る代わりに航海後に利益を還元する株式会社が誕生した。

こう変わった！

現在の資本主義経済の基礎ができる

その2年後、オランダでも東インド会社が設立されました。一般に、後にできた**オランダ東インド会社が世界初の株式会社とされます。**その理由は、運営の仕方の違いにあります。

イギリス東インド会社の方式は、一回の航海ごとに資金をつのるというものでした。航海が終わると利益を株主に分配し、解散となります。また、事業が失敗して負債（借金）を抱えた場合、株主も全額払う責任があります（無限責任）。

一方、オランダ東インド会社では、ある航海が終われば次の航海に乗り出すというように、事業がずっと続きます。また、事業が失敗した場合でも、株主は出資した以上に損をすることはありません（有限責任）。つまり、現在の株式会社に近いのです。

オランダ東インド会社は、現在の経済のあり方の基盤を生み出しました。元手の資金が利益を生み、それが次の事業の元手になる……というものです。これは「資本主義経済」の発達に寄与しました。

株式会社の原型ができる

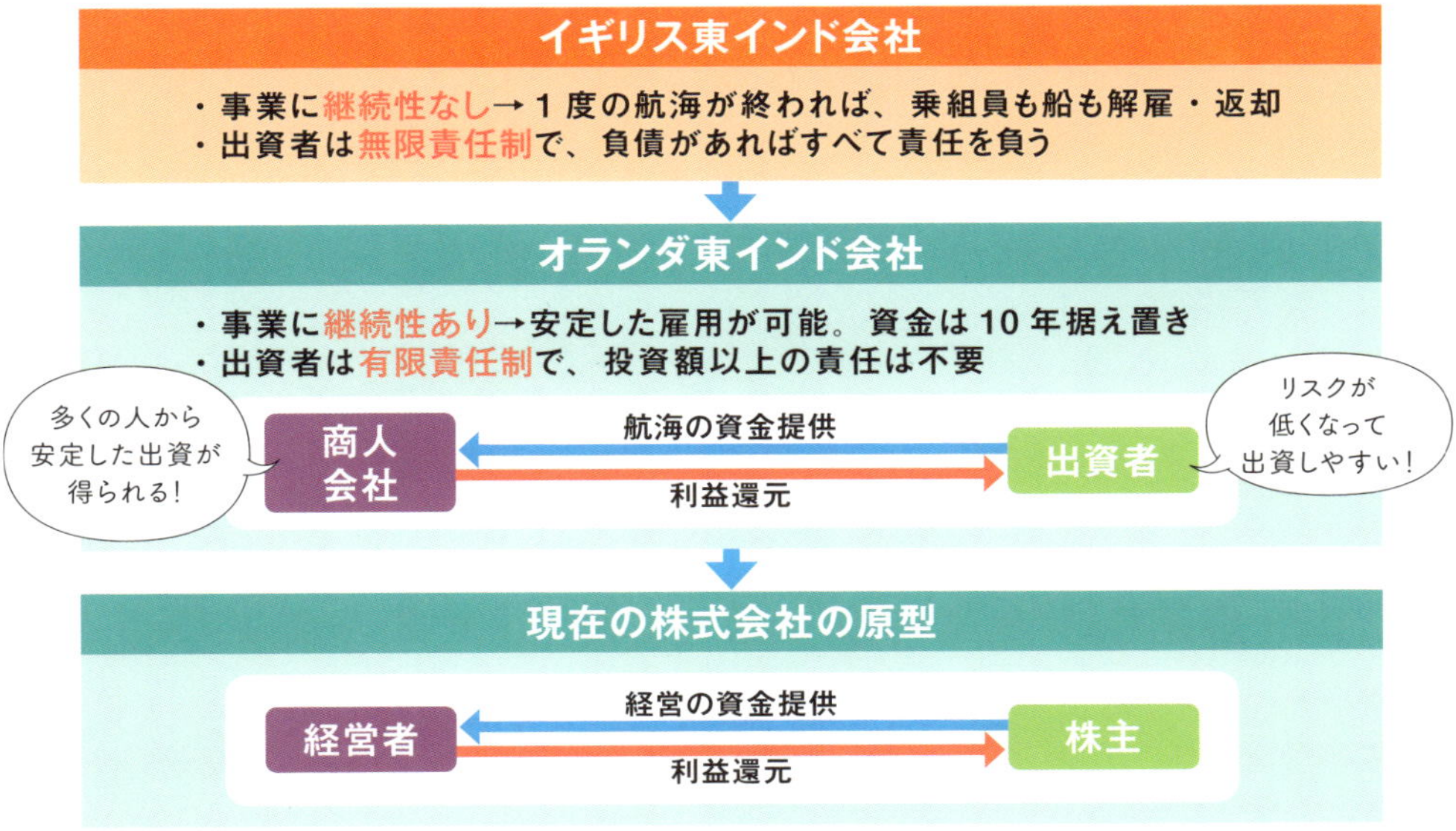

イギリス東インド会社
・事業に継続性なし→1度の航海が終われば、乗組員も船も解雇・返却
・出資者は無限責任制で、負債があればすべて責任を負う
オランダ東インド会社
・事業に継続性あり→安定した雇用が可能。資金は10年据え置き
・出資者は有限責任制で、投資額以上の責任は不要
多くの人から安定した出資が得られる！
商人会社
航海の資金提供
利益還元
出資者
リスクが低くなって出資しやすい！
現在の株式会社の原型
経営者
経営の資金提供
利益還元
株主

文化や芸術、思想を共有する社交場

コーヒーハウス（カフェ）

時代

17～18世紀

場所

イギリス

なにが起きた？

コーヒーをたしなむ文化が定着

人々の憩いの場所として愛されているコーヒーハウス（カフェ）は、どのようにして始まったのでしょうか。コーヒーハウスに欠かせないコーヒー豆は、熱帯アフリカ原産の植物です。古代から食用にされていましたが、豆を炒ってから煮出して飲む方法は、13世紀頃生まれました。**コーヒーを飲む習慣は、アラビア半島のイスラーム教徒を中心に広まっていきます。**

イスラーム教の大国・オスマン帝国でもコーヒーが愛されました。首都のイスタンブルに開店したカフェは、政治への不平不満を言い合う場所となりました。

コーヒーがヨーロッパに伝わったのは17世紀のこと。次のようなエピソードが知られています。

【コーヒーの伝播】

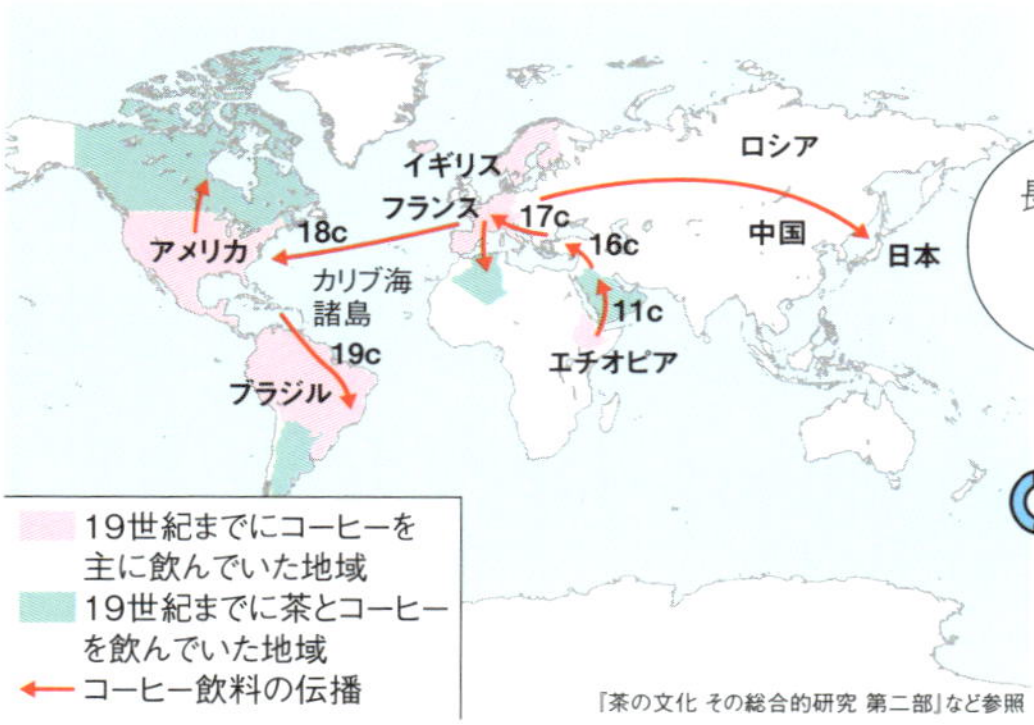

17世紀以降に世界中へ広がる

コーヒーは11世紀頃までは薬用として利用されており、飲める地域や身分が限られていたが、17世紀以降にヨーロッパで飲まれるようになると、世界中へ伝播した。

ポイント

17世紀にイギリスで大流行したコーヒーハウスは、商談や情報交換の場となって、社会変化を引き起こした。

こう変わった！

民主的な思想が広がる

1683年、オスマン帝国はオーストリア帝国の首都ウィーンを包囲しました。しかし、キリスト教諸国の連合軍がオスマン軍を破り、撤退させます。オスマン軍が残した物資の中にコーヒー豆があったため、ヨーロッパ人がコーヒーを知ったと伝えられています。**18世紀には、ヨーロッパでコーヒーが大流行。**イギリスやフランスでは、人々が集まってコーヒーを楽しむ「コーヒーハウス」が生まれます。

コーヒーハウスは、人々が新聞や雑誌を読んだり、意見を交換したりする場所でもありました。フランス最古のカフェである「ル・プロコープ」には、ルソーなどの啓蒙思想家が集まったといいます。

啓蒙思想家は、国王による身勝手な政治を批判し、市民が政治に参加する権利を持つべきだと主張しました。この思想は、**アメリカ独立戦争やフランス革命など、大きな社会の変化を生み出すことになります。**

みんなが自由に意見を言い合える民主的な社会は、カフェがつくり出したとも言えるのです。

日本では？

日本初のカフェ

可否茶館

日本初の本格的な喫茶店は、1888年に上野（上野広小路）で開業した可否《コーヒー》茶館《サカン》である。トランプやビリヤードなどの娯楽品や、新聞や本など国内外のアイテムが揃ったモダンなコンセプトだった。その後20年ほど経ってから、浅草や銀座、大阪などに喫茶店が開店する。「カフェー・プランタン」「カフェー・パウリスタ」「カフェー・ライオン」の3店は、日本の喫茶店の成立に大きな影響を与える有名店となった。

議論と革新を生む社交場

コーヒーハウスで生まれたもの
王立協会、新聞・雑誌、証券会社、
銀行・保険会社、小説、政党など

ロンドンのコーヒーハウス

1705年頃のロンドンのコーヒーハウスの内部。コーヒーを飲みながら新聞を読み談笑する人々が描かれている。18世紀初頭のロンドンには約3000ものコーヒーハウスがあった。

原動力として産業革命を支えた 蒸気機関

なにが起きた？

革命的な新動力が誕生する

水を熱すると沸騰し、気体の水蒸気が生まれます。水が水蒸気になると、体積は約1700倍にふくれあがるため、物を動かす力が生まれます。**この力を利用した動力システムを、蒸気機関といいます。**

蒸気の力で物を動かす装置は、古代ローマ時代の科学者ヘロンがつくったとされています。しかし、実用的な蒸気機関ができたのは18世紀頃のことです。

鉱山では、地下水が湧き出た時に汲み上げる作業が必要です。イギリスの技術者ニューコメンは、**蒸気によってピストンを上下させ、地下水を汲み出す装置を開発**しました。しかし、この機関は効率が悪く、大量の石炭を必要とするという欠点がありました。

時代
18世紀

場所
イギリス

発明者
ニューコメン

ポイント
ニューコメンの開発後に、ワットによって改良された蒸気機関は近代産業を支えた。

蒸気機関が産業革命への原動力に

ニューコメンの発明（1712年）
炭鉱の湧き水の汲み上げ用ポンプの開発
ピストンによる上下運動のみ。燃料効率が悪い

→

ワットによる改良（1769年）
上下運動を円運動に転換
石炭量をニューコメン機関の3分の1に抑える。
燃料効率が向上

ジェームズ・ワット
［1736～1819年］

→

蒸気機関が工場の動力になる
ワットの蒸気機関によって紡績産業が急速に発展
⬇それまでは水力に頼っていたため工場の立地が川沿いに限られていたが、蒸気機関の誕生で街中に工場の建設が可能に

クロンプトンが発明したミュール紡績機で綿を紡ぐ工場の様子

こう変わった！

都市化と工業化が進んだ

イギリスの技術者だったワットは、ニューコメン機関の修理を通じて改良の可能性に気づきます。上下運動を回転運動にすることで蒸気機関を実用化し、エネルギーの無駄をなくすことに成功したのです。**ワットの改良で、必要な石炭の量は3分の1になりました。**

ワットは、自分の蒸気機関を売り込むため「馬力」という単位も発明しました。馬一頭が約82kgのものを運べるとし、蒸気機関を使えば馬何頭分の働きができるか、わかりやすく示したのです。

ワットのおかげで、蒸気機関は様々な機械の動力源に使われるようになりました。例えば、蒸気機関は織物をつくる力織機に導入されます。また、レールの上を走る蒸気機関車が発明され、スティーブンソンが実用化に成功しました。さらに、アメリカのフルトンが初の実用的な蒸気船を開発しました。

蒸気機関の発明は、工業や交通など様々な分野で技術革新を引き起こしたため「動力革命」とも呼ばれています。

蒸気機関の発展

蒸気船や蒸気機関車の実用化

フルトン…蒸気船の発明（1807年）

スティーブンソン…蒸気機関車を実用化（1825年）

運転手が蒸気機関車に石炭をくべている様子（1910年頃）

挑戦的な蒸気機関の利用

蒸気自動車（1769年）蒸気航空機（1933年）

⬇いずれも実用化ならず

蒸気機関の衰退

20世紀～

主要エネルギーが石炭から石油へ転換し、蒸気機関は衰退

KEY PERSON

親子で交通革命を支えた

ジョージ・スティーブンソン

「鉄道の父」と呼ばれ、蒸気機関車を実用化させた偉大な発明家のジョージ・スティーブンソン。彼の業績の多くは、一人息子であるロバートとの共同作業によるものだった。スティーブンソン親子は蒸気機関車製造会社をおこすだけでなく、橋の建設にも携わった。

蒸気機関 の進化

改良を重ねて より効率化を実現

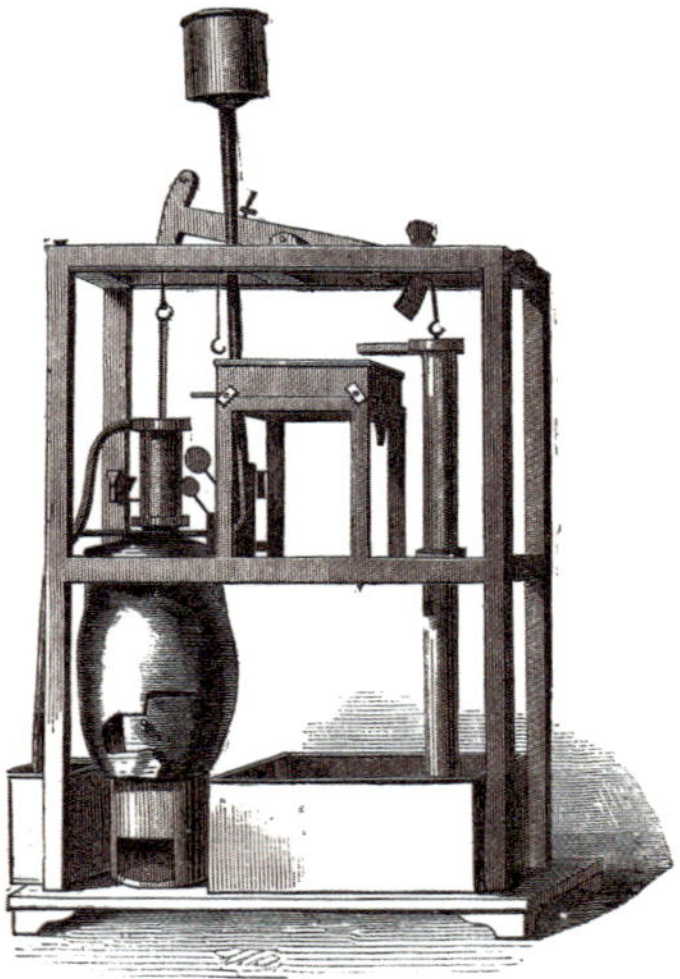

1712年

蒸気機関の誕生 ニューコメンの蒸気機関

1712年にはニューコメンが低圧蒸気を使った新たなポンプを発明。その後50年にわたって使われる。操作は簡単だったが、燃料効率は悪かった。

1769年

効率化され、広く実用化 ワットの蒸気機関

ここが変わった

ニューコメン型の模型修理の依頼を受けたことをきっかけに、より効率的な蒸気機関に改良する。効率化だけでなく、小型化も実現したワットの機関は、紡績産業の発展に大いに貢献した。

ワット による蒸気機関「オールド・ベス」。1777年から1778年にかけてイギリスのバーミンガムにあるソーホー工場で組み立てられたこの機関は、往復運動が回転運動に変換された

1807年

乗員を乗せた初の実用的な蒸気船 クレアモント号

ここが変わった

実用的な乗り物としての蒸気船の発明者とされるフルトンが建造した外輪式蒸気船のクレアモント号。1807 年にアメリカのハドソン川で初航海を行った。

1825年

蒸気機関車の始まり ロコモーション号

ここが変わった

スティーブンソンは1825年に、ストックトンとダーリントンの間で、世界初の公共鉄道を開通させた。ロコモーション号は36 両の貨車を引いて、ストックトンのターミナルに向かった。

1872年

日本における蒸気機関車 1号蒸気機関車

ここが変わった

現役時代の1号蒸気機関車。1872 年に新橋と横浜の間に開通した日本最初の鉄道で使用された蒸気機関車。1997 年に「1号機関車」として国の重要文化財（歴史資料）に指定された。

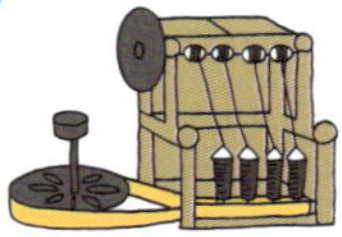

イギリスを最大の先進工業国に導いた

紡績機と力織機

時代
18世紀

場所
イギリス

ポイント
織機の発展とともに紡績機の効率も格段に向上し、工場制機械工業の時代が到来。イギリスは世界最大の工業国となった。

なにが起きた？

織布と紡績の技術革新が起こる

18世紀のイギリスでは、生産を劇的に効率化する機械が多く開発されました。これにより、**製品が大量生産される産業革命が始まります。**

技術革新が始まった綿織物工業は、「紡績」「織布」の二つに分かれています。紡績とは、原料の綿花から糸をつくること。織布は、糸を織って織物をつくることです。片方で新技術が発明されると、もう片方も刺激を受ける……というサイクルが生まれたのです。

まず、**ジョン・ケイという人が織布を効率化する「飛び杼」を発明します。**織物の生産が増えると、原料となる糸が不足します。そのため、ハーグリーブスが糸車を改良し、ジェニー紡績機を発明しました。

綿工業における技術革新

織機の開発

1733年 **飛び杼**（ジョン・ケイ）

布を織るスピードが上昇
↓作業能率が従来の3～4倍に

ローラーのついた杼
緯糸を通す

布を織る効率が良くなったことで、材料の糸が不足
↓糸をつくるための紡績機がつくられるように

紡績機の開発

1764年 **ジェニー紡績機**（ハーグリーブス）

1769年 **水力紡績機**（アークライト）

■織布　■紡績

こう変わった！

紡績業における工場制機械工業の幕開け

紡績機をさらに進化させ、品質も良くしたのがアークライトです。かつらの職人をしていた彼は、水車の力で動く水力紡績機を発明します。大金持ちとなった**アークライトは、イギリスで初めて自力で立身出世した人物の一人**といわれています。

また、クロンプトンはジェニー紡績機と水力紡績機のアイデアを組み合わせた紡績機を制作しました。馬とロバをかけ合わせた動物・ラバ（英語でミュール）にちなみ、ミュール紡績機と名づけられました。

糸の生産が増えると、織布の部門にも動きがありました。カートライトが、織物の作業を機械化する「力織機」を発明したのです。初期の力織機は牛の力で動かしましたが、やがてワットの改良した蒸気機関が取り付けられました。

こうした技術革新によって、大規模な工場が多く建設され、たくさんの労働者が雇われるようになりました。**工場の経営者である資本家と、工場で働く労働者が登場し、社会のあり方が変化した**のです。

紡績機の効率化

1779年 ミュール紡績機（クロンプトン）

ジェニー紡績機と水力紡績機の長所を結合し改良された紡績機

↓良質な綿糸が生産されるように

1784年 力織機（カートライト）

蒸気機関を導入

↓4倍のスピードで布が織れるようになる

ミュール紡績機のレプリカ

織機の発展

1793年 綿繰り機（米・ホイットニー）

↓綿花の種取り作業が簡単に

低価格・高品質の綿製品が大量生産される

↓海外輸出で、莫大な利益に

マメ知識

産業革命の負の側面

ラダイト運動

便利な新しい機械の登場は、人々の暮らしを豊かに、そして効率的に進化させた。しかし、その一方で経営者は人件費の安い女性や子どもを雇用するようになり、熟練した技術を持つ職人たちは失業に追い込まれた。1811～1817年頃には、イギリスの中・北部の織物工業地帯において、怒った職人たちが機械を次々と壊すという事件が起きた。これらの機械破壊運動は、「ラダイト運動」と呼ばれる。

明るい室内で過ごせるようになった
ガラス

なにが起きた？

人々の生活に普及したガラス

私たちの建物に欠かせない素材であるガラスは、今から4000年も前のメソポタミアですでにつくられていました。**奈良時代の宝物を納めた正倉院には、ペルシアでつくられたガラスの器が残っています。**

ガラスは、石英を砕いた珪砂という物質が主原料で、石灰石やソーダ灰などと混ぜてつくります。**素材を高温で溶かし、形をつくり、冷やすことでガラス製品ができるのです。**食器などは職人が息を吹き込んで形をつくる「手吹き法」でつくります。

窓にはめこむ板ガラスは、古代ローマ時代にはすでに使われていました。当時は、型に流し込んで板ガラスをつくっていたようです。

ガラスの誕生と進化

前2300～2100年頃	メソポタミアで発明される
前1500年頃	ガラス製品に価値が生まれる
前1世紀	シリア人が**手吹き法**を発明する **➡ガラス容器が簡単に製造可能に庶民にも普及する**
4~5世紀	ローマ帝国分裂後（4世紀）に技法や器形が東ローマ帝国やササン朝ペルシアへ伝播
11～16世紀	7世紀以降、イスラーム支配下でつくられたイスラームガラスが基盤になり、現在のガラス技術につながるヴェネチアンガラスが発展 **➡職人が流出し、各地に技術が伝来**
17～18世紀	最高級の鉛クリスタルガラスが誕生 **➡ガラスの純度や透明度を求める時代へ**
18世紀~	シリンダー法（大型円筒法）が発展 **➡大きな板ガラスの生産や大量生産が可能に**

6世紀頃ササン朝ペルシアからもたらされた白瑠璃碗。正倉院にも同一規格品が伝来している

時代
18世紀（大きな板ガラス）

場所
イギリス

ポイント

ガラス製品の発明は前2000年頃。18世紀以降に大量生産された大きな板ガラスは、近代西洋建築を象徴した。

こう変わった！

近代建築に必須の素材へ

きれいな板ガラスをつくるには、長い歴史が必要でした。まず、手吹きでふくらませたガラスを遠心力で平らにのばすクラウン法で、丸い板ガラスがつくれるようになりました。円形の板ガラスを組み合わせた窓をロンデル窓といい、古い教会などにみられます。

18世紀には、手吹きで円筒形をつくり、切り開いて板状にするシリンダー法が開発され、大きな板ガラスが登場。大量生産されるようになります。1851年のロンドン万国博覧会では、**全面ガラス張りの建築「クリスタル・パレス」**が建てられ、人々を驚かせました。

窓ガラスが普及する前は、窓に板戸がついているのが普通でした。風雨がある時は板戸をしめるので、灯りがないと室内は真っ暗です。**窓ガラスのおかげで、室内の明るさを確保できるようになりました。**

20世紀初頭にはアメリカの高層ビル建設ラッシュの需要に合わせて、良質な板ガラスを大量生産する方法が相次いで開発されます。ガラスは近代的な建築に必須の素材となり、一般家屋へ普及していきました。

日本では？

安土桃山時代に身近に!

日本のガラス

日本にある最も古いガラスは、弥生中期に中国からもたらされた。飛鳥・奈良時代には輸入品に限らず日本でもガラスの飾具などが製造され、現在も正倉院に残っている。一方で、日本人にとってガラスが身近な存在になったのは、安土桃山時代以降のこと。キリスト教宣教師がガラス器、鏡、眼鏡などをもたらし、ガラス製品の輸入が増加した。江戸時代になってから、積極的に製造されるようになった。

ガラスを用いた近代建築

ロンドン万国博覧会の「クリスタル・パレス」

クリスタル・パレスは、当時の最新技術であった鉄とガラスでできていた。現地で組み立てられるプレハブ工法で、10カ月という短期間で完成した。使用されたガラスの数は約30万枚にものぼったという。

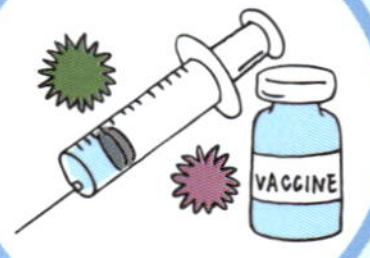

危険な感染症から命を守る ワクチン

なにが起きた？

天然痘の予防が模索される

新型コロナウイルスの流行で注目されたワクチンは、どのように病気を防ぐのでしょうか。

体内に病原体が入ると、人体はそれに抵抗する仕組みを生み出します。これを抗体といいます。毒性を弱めたウイルスなどを注射し、**あらかじめ抗体をつくることで、重症化を防ぐのがワクチンの仕組みです。**

かつて、人類は天然痘という致死率の高い感染症に苦しめられてきました。3000年も前から存在する天然痘は、高い伝染力と致死率で人々に恐れられてきた病です。しかし、**運よく天然痘から回復した人は、もう天然痘にかからない**（かかっても軽症ですむ）ことは古代から知られていました。

ワクチンの歴史

ワクチンの誕生

1796年 ジェンナーが天然痘のワクチンを発明

ジェンナーは牛痘にかかった人の膿を、まだ天然痘にかかっていない人へ注射することで、天然痘への抗体をつくる「種痘」という予防法を確立した。牛痘は天然痘によく似た病だったが、天然痘よりも危険性が低かった。

⬇ワクチンの効果を実証

エドワード・ジェンナー
［1749～1823年］

ワクチンの実用化

1885年 パストゥールが狂犬病のワクチンを発明

ジェンナーの種痘法を「ワクチン」と名づけ、他の病気にも応用。狂犬病、ニワトリコレラ、炭疽病などのワクチンの開発に成功。

⬇予防接種が世に広まる

ルイ・パストゥール
［1822～1895年］

時代
1796年

場所
イギリス

発明者
ジェンナー

ポイント
牛痘にかかった人は天然痘にかからないという地方の言い伝えが、ワクチンの誕生につながった。

こう変わった！

ウイルス感染症の予防が可能に

当初の天然痘予防法は、回復した天然痘患者から取った膿を接種する「人痘接種」でした。この方法は、18世紀にヨーロッパに伝わります。外交官の妻としてトルコ（オスマン帝国）を訪れたメアリー・モンタギューがイギリスに持ち帰ったのです。

人痘接種には効果がありましたが、欠点もありました。場合によっては、接種を受けた人が重症化し、死亡するリスクがあったのです。

より安全な方法を開発したのが、イギリスの医師ジェンナーでした。彼は、**牛の病気である牛痘にかかった人は天然痘にならない**という言い伝えを耳にして、検証のために牛痘にかかった人の膿を8歳の少年に接種しました。すると、少年は天然痘にかかっても軽症ですんだのです。

ジェンナーの開発した牛痘接種法は、大勢の人を天然痘から救うことになります。１９８０年、世界保健機関（ＷＨＯ）は、天然痘の根絶を宣言しました。天然痘は、人類が唯一根絶に成功した感染症です。

ワクチンの広がり

19〜20世紀に、多くのワクチンが開発される

ペスト、結核、インフルエンザ、日本脳炎、麻疹、水痘（水疱瘡）など、多くのワクチンが続々と開発される。1895年には、日本で初めて狂犬病ワクチンが使われた。

⬇感染症による死亡率が劇的に減少

1980年 WHOが天然痘撲滅宣言を発表

ワクチンの発展

2020年 mRNAワクチンが初の実用化

新型コロナウイルス感染症が発生（2019年）

ワクチンには、不活化した病原体を用いたもの、弱毒化した病原体を用いたものなどがある。コロナワクチンは、mRNA（ウイルスの遺伝情報の一部）を接種するタイプとして初めて実用化された。

⬇短期間で有効性の高いワクチンを生産

マメ知識

パストゥールの偉大な功績

シルク産業も救った？

1850〜60年頃のフランスでは蚕が次々と死に、養蚕業にとって大きな損害となっていた。体から絹糸の原料となる糸を出すため、蚕はフランスを支えるシルク産業の要だったのである。パストゥールは、蚕が死んでしまう病気の原因となる細菌を発見し、蚕の病の予防法を編み出した。フランスの重要な産業をも救った彼の数々の功績を讃えて、フランスは1888年にパストゥール研究所を設立した。

発明
こぼれ話

産業革命が起きた理由は特許制度があったから？

発明といえば特許利用料で大儲けというイメージもあるだろう。世界で初めて特許制度が成立したのは1474年、イタリアのヴェネツィアだという。当時、ヴェネツィアの主要産業だったガラス工芸品は、ヨーロッパ市場で高値で取引されており、その技術を守るためだった。16世紀末にはガリレオが「螺旋型回胴型ポンプ」というもので特許をとった記録も残っている。

近代的な特許制度は1623年、イギリスで「専売条例」という特許法が制定されたことに始まる。これは発明と新規事業については一定期間独占できるというもの。当時まだ後進国だったイギリスが最新技術を取り込むためにつくったものだ。そして、これが18世紀になって産業革命を爆発的に推進させる一因になった。発明や技術革新には投資が必要であり、特許がなかったら他者に知られないように製法を秘密にしてしまうことも考えられる。財産として権利が保護されていたからこそ、われ先にと技術を公開し、特許を競ったのである。

実際、産業革命の発明家たちは蒸気機関を改良して実用化したワットをはじめ、理髪師から水力紡績機で特許を取得しているアークライトなど、大富豪になっている者も多い。

ジェームズ・ワット（1736～1819年）
蒸気機関に関連する6つの特許を取得。特許侵害裁判も起こしている

リチャード・アークライト（1732～1792年）
水力紡績機で大富豪になるが、特許はのちに無効にされてしまった

第 4 章

19世紀の発明

近代は科学や医療が飛躍的な進歩を遂げます。
エジソンやノーベルなどが活躍し、次々と発明品が誕生します。
電気の利用が始まり、社会インフラが大きく変化し始めた一方で、
世界は帝国主義の時代に突入していきます。

画期的な食料保存法
缶詰

なにが起きた？

長期遠征のため食料保存法を募集

現代の私たちの生活を豊かにしているもののひとつに、食料保存技術があります。そのひとつである**缶詰は、戦争がきっかけで生まれました。**

戦争では大勢の兵士の食料が必要です。干し肉などの保存食はありましたが、野菜や果物を食べないと、ビタミンCの不足で壊血病という病気になり、ひどい時には死ぬこともあります。

18世紀末のフランスでは革命が起き、多くの国との戦争が始まりました。この混乱の中で、軍人として才能を発揮したのがナポレオンです。ナポレオンの提案で、**フランス政府は多額の賞金をかけ、食料の保存法を募集しました。**

【びん詰から缶詰へ】

1804年 びん詰の発明
ナポレオンが食料保存のアイデアを募り、フランスのニコラ・アペールがびん詰を開発。コルク栓とろうで密封した。

復元されたびん詰
（公社）日本缶詰びん詰レトルト食品協会提供

1810年 缶詰の発明
ガラスびんは割れやすいため、イギリスでブリキの缶詰が開発されたが、開封にはハンマーとノミを使う必要があり開けるのが大変だった。

1855年 缶切りの発明
アメリカで缶詰の本格的な生産が始まり、のちにロバート・イェーツが缶切りを考案。南北戦争では軍用食として重宝された。

時代
1810年

場所
イギリス

発明者
デュランド

ポイント
食料が長期的に保存できるようになり、南北戦争など、多くの戦争で軍用食として利用された。

こう変わった!

戦争が長期化した

フランス政府の懸賞を知った菓子職人のニコラ・アペールは、その後10年にわたって実験を繰り返し、新技術の開発に成功しました。

アペールは調理した食べ物をびんに入れ、沸騰した湯で加熱しました。そしてびんの中の空気を抜き、コルク栓とろうで密封しました。こうすれば、**食べ物が腐る原因となる微生物がいなくなるのです。**当時はまだ、微生物のことは知られていません。しかし、アペールは食料やワインの保存について経験的に知っていたおかげで、賞金を得ることができました。

しかし、アペールのびん詰は、長期間の輸送で割れてしまうという欠点もありました。そこで、**イギリスのピーター・デュランドが、ブリキの缶につめるという方法を考案し、缶詰が誕生**しました。

缶詰は軍にとってとても便利でしたが、戦争の長期化と大規模化を引き起こし、犠牲も大きくなっていきました。同時に、缶詰は一般にも普及し、家庭でも豊かな食生活を楽しめるようになります。

日本では?

フランス人が伝えた!

日本初の缶詰

日本に缶詰が伝わったのは明治初頭。長崎の松田雅典がフランス人に学び、いわしの油漬け缶詰をつくったのが始まりだ。その後、北海道に日本初の缶詰工場である開拓使石狩缶詰所ができ、缶詰は工業的につくられるようになった。

松田雅典

長期の戦争が可能になった

第一次世界大戦のベルリンの缶詰工場

長期保存ができる缶詰は、軍用食として定着。2度の世界大戦でも大量に生産された。

女性が社会進出するきっかけになった タイプライター

なにが起きた？

手書きよりもスピーディーに

タイプライターとは、文字盤を打つことで紙に活字を印字する機械のことです。

初期のタイプライターとしては、19世紀前半にアメリカのウィリアム・オースティン・バートが開発した機械が挙げられます。この機械はダイヤル式で、スピードは手書きに負けていました。

タイプライターが普及するには、扱いが易しく手書きより速くなければいけません。1867年、アメリカのクリストファー・ショールズらが製作した機械は、6年後にミシン製造会社のレミントン社によって発売されました。この時、初めて「タイプライター」という製品名がつきます。

【タイプライターの誕生と衰退】

1870年代 タイプライターが実用化

レミントン社から初めて**実用的なタイプライターが発売**。キーボードの上段を**「QWERTY配列」**にしたことで操作性が上がり、速く打てるようになった。

↓

1970年代以降 日本でワープロが普及

ワープロは、アメリカで初めて開発された、**コンピュータで文章を入力し修正・印刷ができる**機械。日本ではタイプライターでの日本語の印字が難しく、**変換機能の付いたワープロが開発され普及**した。

↓

1990年代以降 パソコンが主流に

ワープロの機能は1990年代に広く普及した**パソコン**に取って代わられた。キーボードの**「QWERTY配列」**はタイプライター、ワープロから引き継いでいる。

時代
1867年

場所
アメリカ

発明者
ショールズ

ポイント
手書きよりも速いタイプライターは、一躍人気を博す。オフィスなどに導入され、女性のタイピストも出現した。

こう変わった！

女性の憧れ、タイピストの誕生

タイプライターを実用化するにあたり、ショールズはキーの配置を工夫しました。もともとアルファベット順に並んでいたキーを、**試行錯誤の末に「QWERTY《クワーティー》配列」と呼ばれる並びにしたのです。**配列の理由は諸説ありますが、内部の部品が衝突して壊れるのを防ぐためともいわれます。この配列は、現在のパソコンのキーボードにも受け継がれています。

タイプライターの扱いに熟練すると、手書きよりも速く文章を書くことができます。こうして登場した職業がタイピストで、**経済的に自立したい女性たちに人気となりました。タイプライターの発明は、女性の社会進出を促したのです。**

なお、タイプライターはアルファベットを印字するもので、当然ですがそれ以外の文字には対応できません。特に、たくさんの漢字を使う日本語にタイプライターは不向きと思われていました。しかし、技術者の杉本京太が1915年に和文タイプライターを発明し、特許を取得しています。

KEY PERSON

タイプライターの父

クリストファー・ショールズ

ショールズはアメリカで新聞編集者をするかたわら、議員も務める多才な人間だった。その後、発明に目覚めたショールズは、郵便局長や港収税官などを兼務しながら、共同開発者のグリデンとソレーとともに研究を重ね、ついにタイプライターを発明した。

【女性の社会進出のきっかけに】

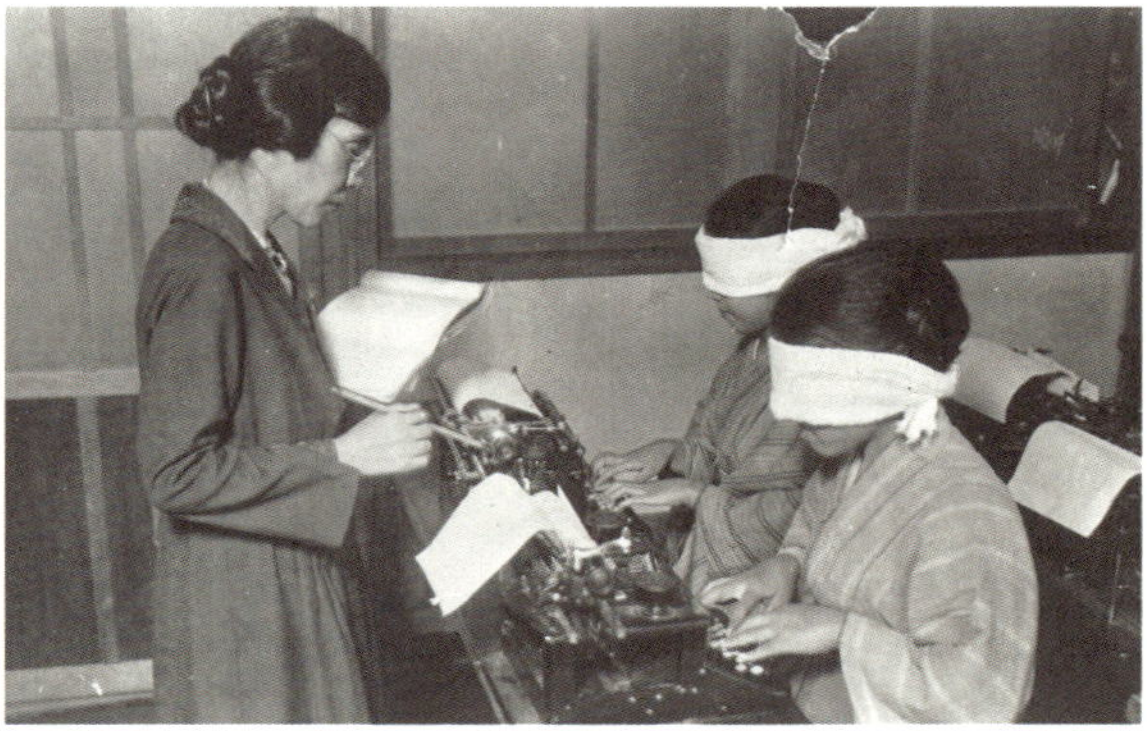

ブラインドタッチを練習する日本の女学生

20世紀前半、女性の地位向上を目指す運動が世界的に起こり、就職して自立を目指す女性が増えた。なかでもタイピストは人気で、女性の社会進出を促した。

鉄道

人の移動が便利になり、産業が発達した

なにが起きた？

鉄道に蒸気機関を取り入れた

鉄製のレールの上で車を走らせる交通機関を鉄道といいます。初期の鉄道は鉱山内で物資を運ぶために使われ、人や馬が動かしていました。

蒸気機関が発明されると、鉄道に革命が起こりました。初めて蒸気機関を鉄道に導入したのは、イギリスのトレヴィシックです。彼は強力な高圧蒸気機関車を開発し、１８０４年には**軌道（レール）の上を走らせることができる世界初の蒸気機関車を発明しました。**

しかし、当時の鉄の材質では蒸気機関の重さに耐えられず、レールが壊れてしまうという欠点がありました。トレヴィシックは様々な事業に手を出しては失敗し、寂しく亡くなりました。

【ロケット号の仕組み】

ロバート・スティーブンソンが改良を重ねたロケット号は、多数の管のあるボイラーで大量の蒸気を出すことで、最高時速46kmを記録した。

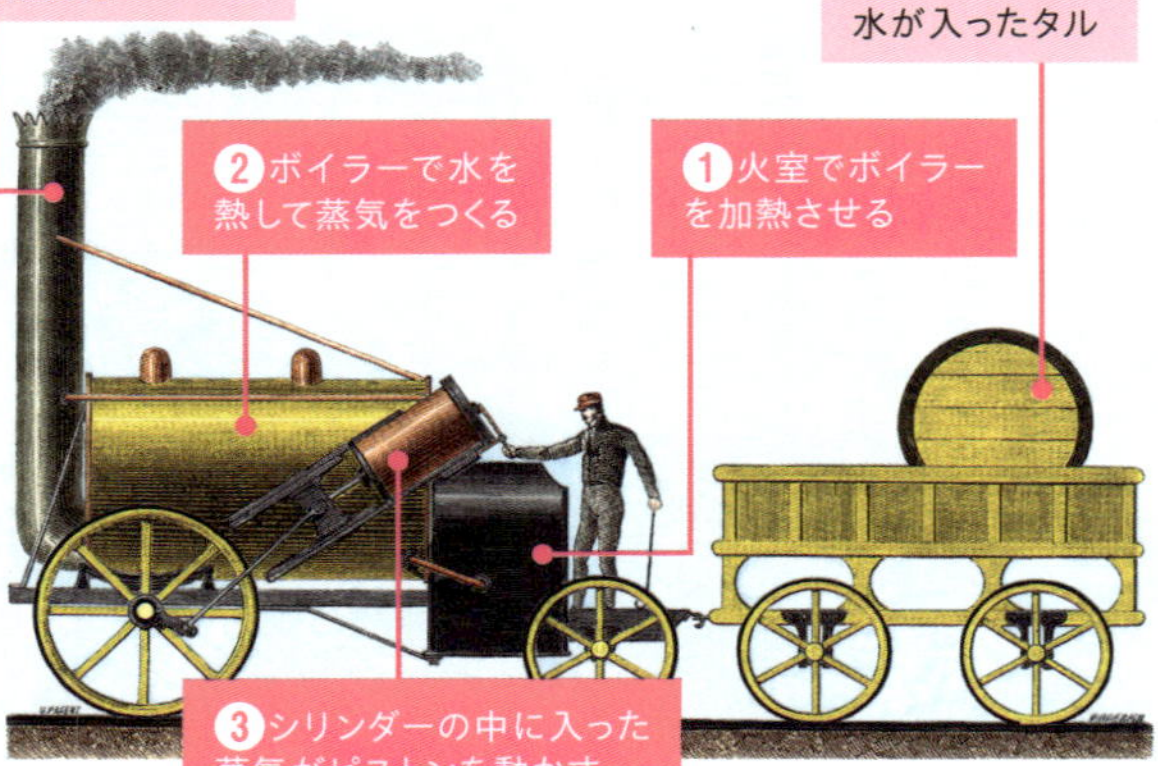

煙突から煙などを放出する
ボイラーに送る水が入ったタル
②ボイラーで水を熱して蒸気をつくる
①火室でボイラーを加熱させる
③シリンダーの中に入った蒸気がピストンを動かす

時代

1825年

場所

イギリス

発明者

スティーブンソン

ポイント

鉄道により、速く大量の輸送が可能になり産業が加速。植民地にも鉄道が敷かれ支配が強化された。

こう変わった！

鉄道が産業を発達させた

蒸気機関車の改良に取り組み、実用化に成功したのがジョージ・スティーブンソンです。1825年、彼の開発した**蒸気機関車がストックトン―ダーリントン間の約40kmを走り、世界初の旅客鉄道となりました。**レールには、より丈夫な材質の鉄が採用されました。

さらに、工業都市マンチェスターと港町リヴァプールを結ぶ鉄道の計画も持ち上がります。スティーブンソンの息子のロバートが改良した「ロケット号」がコンテストで優勝し、車両として採用されました。この頃には鉄鋼の質も向上し、レールの強度問題も解決していました。大量の製品や人員を輸送できる鉄道は、一気に欧米諸国に広がりました。**鉄道は人の移動を便利にし、産業を発達させることになります。**

一方、欧米列強が植民地の開発のために多くの鉄道を建設したことも忘れてはなりません。鉄道建設競争は、しばしば列強同士の対立の原因にもなりました。大量の兵士・物資を輸送できることから、鉄道は戦争の大規模化も促しました。

鉄道が産業革命を加速させた

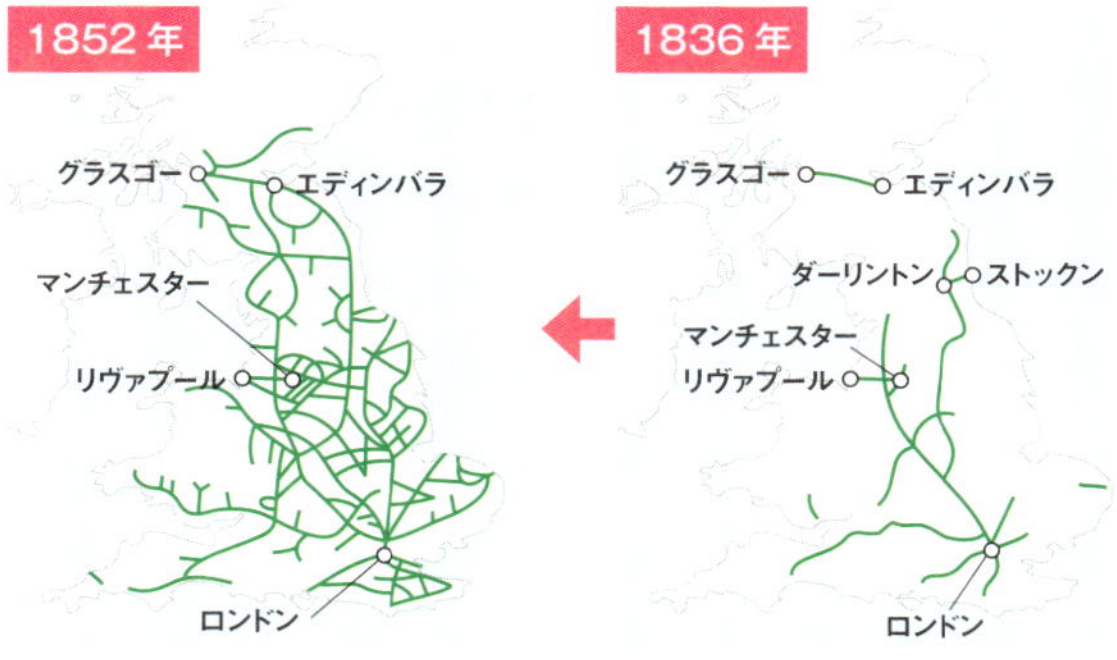

イギリスの鉄道網の発展

鉄道の発明により工場に原料を運び、完成した製品を港に運ぶ輸送が格段に速く便利になった。1830年代以降イギリスでは急速に鉄道網が発達し、産業革命を加速させた。

マメ知識

鉄道と植民地支配

インドの鉄道網

19世紀後半、インドはイギリスの統治下に置かれ紅茶や綿花を大量に栽培させられた。イギリスは1905年までにインドに約4万5000kmの鉄道を敷き、生産地と港をつなぐとともに、軍隊の迅速な移動を可能にして支配を強化した。

紅茶を運ぶために建設されたインドのダージリン・ヒマラヤ鉄道

INNOVATION

鉄道 の進化

人々の足となり 産業を発展させた鉄道

19世紀頃

最初は馬が引いていた **馬車鉄道**

蒸気機関車が登場する前は、馬が線路上の車両を引いていた。公共目的の馬車鉄道は1803年に開業したが、雨が降ると路面がぬかるみ、運行に影響を及ぼしていた。

Before

1825年

世界初の鉄道 **蒸気機関車鉄道**

ここが変わった

イギリスのストックトンからダーリントンまでの全長約40kmを運行した蒸気機関車で世界初の鉄道。ジョージ・スティーヴンソンが考案し、馬車に代わり近距離用の移動手段として発達した。

1860年代

アメリカの開拓を促進させた **大陸横断鉄道**

ここが変わった

世界で初めてアメリカ大陸を横断した鉄道。鉄道を建設するにあたり、先住民との争いがあった。西部開拓を一層促進させ、アメリカの発展に欠かせない存在であった。

1879年

初めての「電気」機関車

ここが変わった

ドイツのヴェルナー・シーメンスがベルリン工業博覧会で、人が乗った客車を牽引して走らせたのが電車の始まりとされる。

1901年

世界最古のモノレール 空中鉄道

ここが変わった

ドイツのヴッパタール空中鉄道。最古のモノレールであり、市街地が形成された後にもつくりやすい、都市交通として活躍。

1964年

鉄道の復権を果たした 新幹線

ここが変わった

航空機に仕事を奪われていくなか、時速210km で走る鉄道が日本で誕生。新幹線の登場により鉄道の高速化が始まる。

New

2020年

最速の鉄道 リニアモーターカー

磁力の吸引・反発の作用を使用し、車両を 10cm 浮かせて走らせる電磁式のリニアモーターカー。実験線では時速 603km という記録を出した最速の鉄道技術である。

歴史的瞬間をとらえ世界を動かした
カメラ

時代
1835年

場所
イギリス

発明者
タルボット

ポイント
感光材の発見で瞬間を記録できるカメラが誕生。写真は広告や報道に使われ大衆の心を動かした。

なにが起きた？

光に反応する感光材の発見

目に見える様々な瞬間を記録する写真が発明されたのは、19世紀のことです。

カメラの由来となったのは、「カメラ・オブスクラ」という機械でした。レンズや鏡によって、実際の風景を投影する箱状の装置です。スケッチに使われましたが、風景を記録することはできません。

やがて、特定の化学物質が光に反応し、色が変わることが発見されます（感光材）。カメラ・オブスクラが**投影した像を、感光材によって固定するのが写真の原理です。**フランスのニエプスは写真の研究に打ち込み、1825年に最古の写真を撮影しました。しかし、当時は数時間光に当てる必要がありました。

カロタイプのカメラの原理

タルボットが発明したカロタイプは、撮影によりネガ（陰画）を作成し、ネガを現像してポジ（陽画）にする「ネガポジ法」だった。1枚のネガから無限にポジを複製することができた。

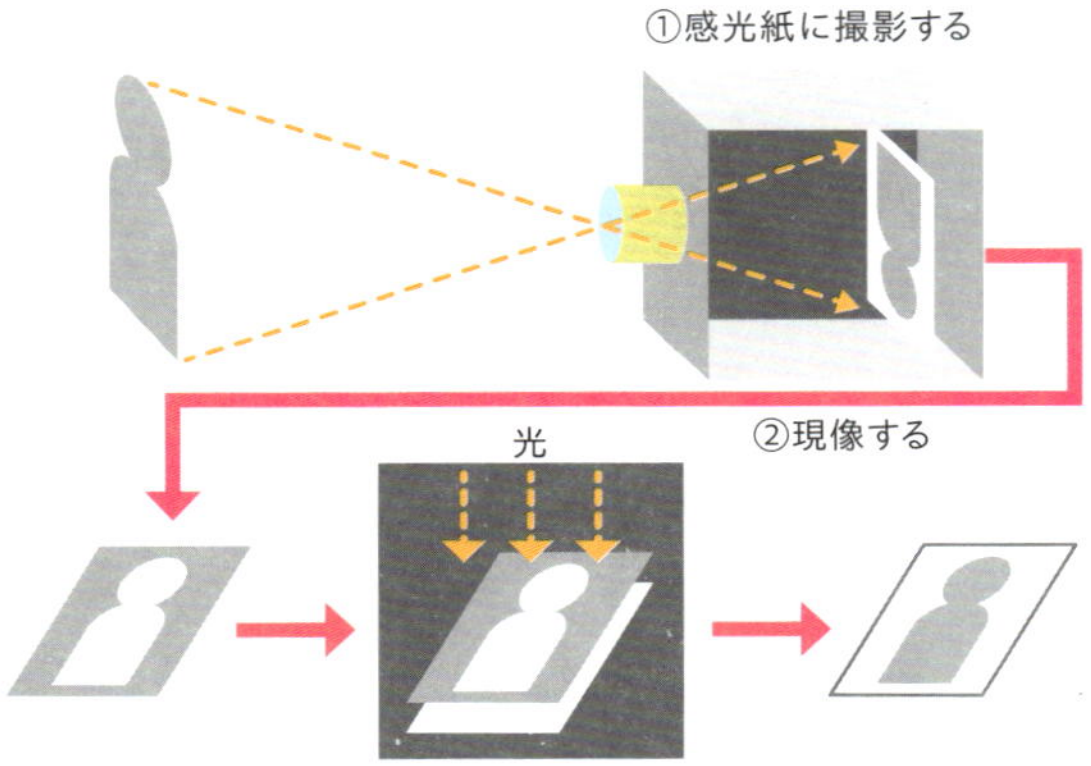

①感光紙に撮影する
②現像する
光
③ネガ（陰画）ができる
④ネガを別の感光紙に密着させて太陽光で焼き付ける
⑤ポジ（陽画）が完成

こう変わった！

写真がメディアとして力を持つ

光に当てる時間（露光時間）を短縮しなければ、実用的な写真にはなりません。ニエプスは画家のダゲールと協力し、写真の改良に取り組みます。ニエプスが亡くなった後、ダゲールは露光時間を10～20分程度に短縮した「ダゲレオタイプ」という写真技術を開発し、1839年に発表します。

この数年前、イギリスの科学者タルボットも写真の撮影に成功していました。発表で先を越されたタルボットですが、**ダゲレオタイプよりも使いやすい「カロタイプ」という手法を生み出します。**後の写真技術に受け継がれたのはカロタイプのほうでした。

その後の研究で露光時間はさらに短くなり、一瞬のできごとを記録することができるようになりました。写真の視覚情報は、文字で伝えるよりもわかりやすくインパクトがあります。**写真は、しばしば歴史を動かすほどの力を持つこともありました。**ベトナム戦争で撮影された悲惨な戦場の写真が世論を動かし、アメリカ軍の撤退を早めたのがその例です。

大衆の心を動かした写真

キャパ「崩れ落ちる兵士」

スペイン内戦中に反乱軍と戦う兵士が銃弾に倒れる瞬間を写した写真として、反ファシズムのシンボルとなった。報道写真家のロバート・キャパ撮影とされていたが、撮影者や被写体について異論もある。

ヒトラーのプロパガンダ

1930年代以降、ドイツで台頭したナチスのヒトラーは、写真を使ったプロパガンダ（政治宣伝）を行い、国民の支持を得た。 ポーランド国立公文書館

カメラ技術 の進化

歴史的瞬間を刻んだカメラたち

18 世紀頃

カメラの原点 カメラ・オブスクラ

一点の穴を通る光線で像を得る、ピンホール・カメラにレンズをつけ、像を鮮明にさせた。

Before

1857 年にダゲレオタイプのカメラで撮影された薩摩藩主の島津斉彬

1839 年

像を銀板に記録した ダゲレオタイプ

ここが変わった

ダゲールが開発した世界初の商業用カメラ。レンズを通して銀板に像を焼きつける写真が誕生。

1912 年頃

アメリカ報道の主力として活躍した スピードグラフィック

グラフレックス社から発売されたスピードグラフィック (1912 ～ 1947 年)

1945 年の太平洋戦争で撮影された、硫黄島に星条旗を掲げる米海兵隊

ここが変わった

小型で軽いフィルムの誕生によるカメラの小型化やシャッタースピードなどの性能向上により、フォトジャーナルが発達。戦争にもカメラが持ち込まれ、数々の歴史的場面を捉えた。

1925年

フィルムカメラの火付け役となった ライカI（ライカA型）

ここが変わった

映画フィルムを使用した、携帯できる高性能なカメラが登場。中でもライカシリーズは、数多くのフォトジャーナリストに採用された。

1935年

光の三原色を再現 カラーフィルム

ここが変わった

コダック社により販売されたカラーフィルム。3層の感光層を塗り重ねることで、色の撮影を可能にした。

1981年頃

写真の電子化が実現 デジタルカメラ

ここが変わった

1981年にソニーが世界初の商業用デジタルカメラ「Mavica」を発売。その後1990年代に本格的に普及する。デジタル化で現像の必要がなくなり、写真を撮ることが手軽になった。

デジタルカメラによって撮影されたジョージ・H・W・ブッシュの就任式の写真。

小型化するデジタル一眼レフカメラ

New

2000年頃

「写メ」の文化とともに広がった カメラ付き携帯電話

今ではあたりまえになった携帯電話のカメラ機能。これが最初に商品化され普及するきっかけになったのは日本。メールに画像を添付することができるサービス「写メ（写メール）」の流行だった。

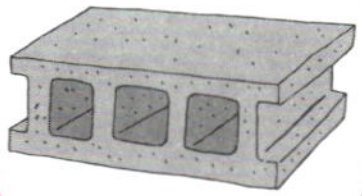

強度の高いビルの建設が可能に
コンクリート

時代
1824年

場所
イギリス

発明者
アスプディン

ポイント
近代のコンクリートは18世紀以降に発明され、現代の建築に欠かせないものとなった。

なにが起きた？

ローマ人も使っていたコンクリート

現代の建築には欠かせない素材であるコンクリート。石灰石を主成分とし、水を混ぜると固まる素材がセメントです。このセメントに砂や小石を混ぜて強度を高めたものがコンクリートです。

古代エジプトで建てられたピラミッドでは、すでに石灰と石膏でできたセメントを使って石をくっつけていました。今から2000年ほど前の古代ローマ人は、**石灰と火山灰を混ぜたコンクリートをつくり出し素材を使い、現在も残る巨大な建物をつくりました。**

しかし、ローマ帝国が滅んでからは技術が忘れ去られ、近代的なコンクリートが発明されるのは18世紀になってからです。

コンクリートの歴史

古代のコンクリート → コンクリート

紀元前3世紀～紀元5世紀頃 古代のコンクリート

古代ローマ人は**セメントに火山灰を混ぜ**、現代と変わらないほどに頑丈なコンクリートを生み出した。このコンクリートと良質なレンガを組み合わせ、**コロッセウムや水道橋**など、現在に残る巨大な建造物をつくった。

ローマのコロッセウム

1756年 水硬セメントの発明

ジョン・スミートンはセメントに小石と粉末レンガを加え、近代のコンクリートの原型である**水硬セメント**をつくり出した。

こう変わった！

強度の高い超高層ビルの建設

イギリスの土木技術者ジョン・スミートンは、エディストンという所にある焼失した灯台の再建を任されました。スミートンはセメントに小石やレンガの粉末を加え、水硬セメント（近代のコンクリートの原型）を発明します。1756年のことでした。さらに1824年、**イギリスのアスプディンがポルトランドセメントを発明。これは現在も一般的に使用されているセメントで、コンクリートの原料にもなっています。**

コンクリートは火に強く丈夫ですが、引っ張る力には弱いという欠点があります。これを解決したのが、鉄を心材にした鉄筋コンクリートです。19世紀半ばにフランスの庭師モニエが開発しました。

鉄筋コンクリートと鉄骨造（骨組みに鉄骨を用いたもの）を組み合わせて、強度の高い高層のビルが建てられるようになります。都市の人口が増えると住居不足になりますが、階数の多い建物があれば小さな面積に多くの人が住めます。鉄筋コンクリートの開発は、都市人口を劇的に増やす効果を持ったのです。

KEY PERSON

土木工学の父
ジョン・スミートン

運河や橋の建設など様々な土木事業に携わってきたスミートンは、「土木工学者」を自称した最初の人物でもある。灯台再建を任されたスミートンは、水中でも溶けない水硬セメントを開発。彼は自身の金銭的利益より社会貢献を優先し特許を取らなかった。

近代の ← 鉄筋コンクリート

1824年 ポルトランドセメントの発明

ジョセフ・アスプディンが現在のコンクリート製法の主流であるポルトランドセメントを発明。石灰石・粘土などを混ぜ、高熱を加えてつくる。

1849年 鉄筋コンクリートの発明

ジョセフ・モニエがコンクリートの芯に鉄筋を埋め込み強度を高める鉄筋コンクリートを発明。鉄骨造との組み合わせで、20世紀初頭には、より強度の高い高層ビルが建設される。強度が上がったことにより、より自由な形の建築物をつくれるようになった。

鉄筋コンクリートで再建されるフランスのル・アーヴル中心市街

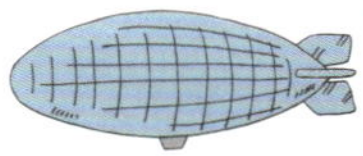

人類の夢を叶えた世界初の動力飛行

飛行船

時代

1900年

場所

ドイツ

発明者

ツェッペリン

ポイント

飛行機よりも以前に動力飛行に成功した飛行船。人や物の輸送の他、兵器としても使用された。

なにが起きた？

気球に動力をつけた飛行船

人類は、「鳥のように空を飛びたい」という夢を古代から追い続けてきました。

18世紀末、フランスのモンゴルフィエ兄弟は、温めた空気が軽くなって上昇することに気づきました。彼らは、**布と紙でできた袋に暖めた空気を入れて飛ばす熱気球を発明。**１７８３年、世界初の有人飛行に成功しました。また、熱した空気ではなく、空気より軽い気体である水素を使った気球も登場します。

これらの気球は風まかせのため、行きたい場所に飛ばすことはできません。この欠点を克服したのが、気球に動力源をつけ、行き先を人間が決められるようにした飛行船でした。

飛行船の歴史

飛行船の発明

1783年 気球の発明

モンゴルフィエ兄弟が**熱気球を発明し、世界初の有人飛行を成功**させた。

1852年 人類初の飛行船

アンリ・ジファールが**蒸気機関を搭載した飛行船を発明**。骨組みのない軟式飛行船だったため強風でゆがむなどの欠点があり、高速飛行は難しかった。

1900年 飛行船の実用化

ツェッペリンが、骨組みを入れて形を保てるようにした**硬式飛行船を発明**。軟式よりも速い飛行が可能になった。

ツェッペリンの飛行船（1900年）

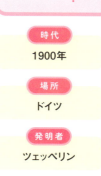

こう変わった！

ツェッペリンが飛行船を実用化

1852年、フランスのジファールは気球と蒸気機関を組み合わせ、約27㎞を飛行することに成功しました。これが飛行船の発明で、世界初の動力飛行です。向かい風の時に進めるほどの馬力がないことが欠点でしたが、のちに蒸気機関より効率的なガス・エンジンが発明されます。

飛行船を実用化したのは、ドイツの軍人ツェッペリンです。1900年、**ツェッペリンの開発した硬式飛行船が初飛行に成功しました。**飛行船は人々の関心を集め、性能を急速に高めていきます。

飛行船の発明で旅客の輸送が可能になり、1929年には世界一周の飛行に成功します。この飛行船の名前は、発明者にちなんだ「グラーフ・ツェッペリン号」で、日本にも来ています。

しかし、1937年にはヒンデンブルク号の爆発事故が起こり、36人の死者を出しました。この事故をきっかけに、飛行船には燃えやすい水素ではなく、燃えにくいヘリウムが使われるようになります。

飛行船の黄金時代

1910年代　戦争で利用される

欧米諸国や日本でも飛行船の開発が盛んになり、**第一次世界大戦では、偵察や爆撃などに利用**された。

1929年　世界一周に成功

グラーフ・ツェッペリン号がドイツを出発し、約20日の飛行で東京・ロサンゼルスなどを経由して**世界一周**を達成した。

当時の日本では「君はツェッペリンを見たか」が流行語に

グラーフ・ツェッペリン号

飛行船の衰退

1937年　ヒンデンブルク号爆発事故

巨大硬式飛行船**ヒンデンブルク号**が、アメリカの飛行場に着陸する直前に爆発。原因は水素ガスの引火と思われる。**事故以降、安全性が疑われ輸送機としては衰退**したが、広告などの目的に利用された。

炎上するヒンデンブルク号

飛行機の台頭

20世紀前半に**飛行機が急速な発展**をとげ、飛行船に取って代わった。

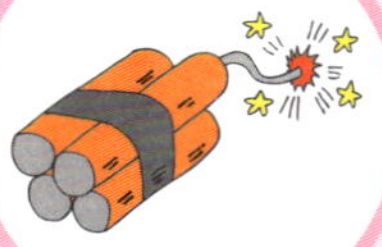

爆薬の安全利用が可能になった ダイナマイト

なにが起きた？

安全性の高い爆薬を発明

羅針盤・活版印刷と並び、「世界三大発明」と称される火薬。兵器としてだけでなく、鉱山や土木工事で岩盤を破壊する役目も期待されました。しかし、黒色火薬は爆発力が弱く、水にぬれるとだめになってしまう欠点がありました。

１８４６年、イタリアの化学者ソブレロがニトログリセリンを合成します。**ニトログリセリンは液体で、たった一滴でガラスのビーカーを破壊するほどの威力がありました。** 強力なため広く利用されましたが、わずかな衝撃でも爆発するため事故が相次ぎます。

これを改良し、ダイナマイトを発明したのがスウェーデン出身のアルフレッド・ノーベルでした。

【ダイナマイトの仕組み】

ダイナマイトは、爆薬や起爆装置の工夫により、爆発力を保ちつつ暴発しない安全性を実現。土木工事や鉱山採掘などで重宝された。

ニトログリセリンを染みこませた珪藻土
ニトログリセリンが多少の衝撃では爆発を起こさないよう、珪藻土に染みこませることで安定させた
雷管（起爆装置）
点火後、爆薬に着火させて本体を爆発させる。段階的に着火させることで安全で確実に爆発が起こる
導火線
雷管に点火させるためのコード

時代
1866年

場所
スウェーデン

発明者
ノーベル

ポイント
強い爆発力と安全性を実現したダイナマイトは、土木工事で活躍する一方、兵器としても利用された。

こう変わった！

多くの命を奪ったダイナマイト

ノーベルは、発明家・実業家だった父に従って爆薬の研究をしていました。しかし、父の工場が爆発事故を起こし、弟のエミールが死亡する悲劇に見舞われます。衝撃を受けたノーベルは、**安全な爆薬の開発に取り組みました。ニトログリセリンを他の素材と混ぜ合わせることで、安全性を高めようとしたのです。**

1866年、ノーベルは珪藻土にニトログリセリンを染みこませ、安定させることに成功しました。このダイナマイトは、多少の衝撃では反応しませんが、着火すれば大きな威力を発揮します。

ダイナマイトは土木・建築などの分野で大いに役立ち、ノーベルは巨万の富を得ました。一方、彼は自分の発明を兵器としても売り込みました。その結果、実際には**ダイナマイトは戦争で多くの人命を奪う結果となりました。**

ノーベルは深く後悔し、「人類の幸福と平和に貢献した人のために賞を創設するように」と遺言して亡くなります。これがノーベル賞の始まりです。

マメ知識

新聞の誤報がきっかけに

ノーベル賞

1888年にノーベルの兄が亡くなった時、新聞は誤って「死の商人、死す」という見出しで、ノーベルの死亡記事を載せてしまった。この記事を読んだノーベルは自分が「死の商人」と表現されたことに衝撃を受け、汚名を払拭したいと考えた。彼は自分の莫大な資産を、人類に貢献した人々に分配するようにと遺言を残し、彼の遺志を継いだ人々によって1901年にノーベル賞が創設された。

【殺戮兵器となったダイナマイト】

ダイナマイトが使われた普仏戦争

ダイナマイトは兵器としても大量に売り込まれた。発明から間もない時期に起こった普仏戦争（1870～71年）でも使用され、多くの死者を出したといわれる。

強力な兵器があれば、人類は恐怖から戦争を起こさなくなると考えたのだ

アルフレッド・ノーベル
［1833～1896年］

新しいエネルギー源が実用化

石油精製

時代	1859年
場所	アメリカ
発明者	ドレーク

ポイント

灯油の利用から始まり、のちに自動車のエンジンにも利用された石油。今もなお生活には欠かせない。

なにが起きた？

灯油として始まった石油の利用

現代の私たちの生活に欠かせないエネルギーである石油。古代から存在は知られており、飛鳥時代の日本にも、新潟県から「燃える水」「燃える土」が産出したという記録が残っています。

地下からわき出た原油は多様な成分からなっており、物質の純度を高める作業（精製）をしないと実用にはなりません。 19世紀アメリカの薬剤師キーアは、ネイティブ・アメリカンが薬として使っていた石油に着目し、石油精製の技術を開発しました。さらに石油の用途を研究したキーアは、灯りをつける燃料として役立つことを発見し、灯油を発明します。

【石油はどうやってできるのか】

石油とは炭化水素という、水素と炭素が混ざった混合物のこと。有機物が長い時間をかけて地中に溜まり、地下深くで石油となる。この石油がたくさん埋まっている場所を油田と呼ぶ。

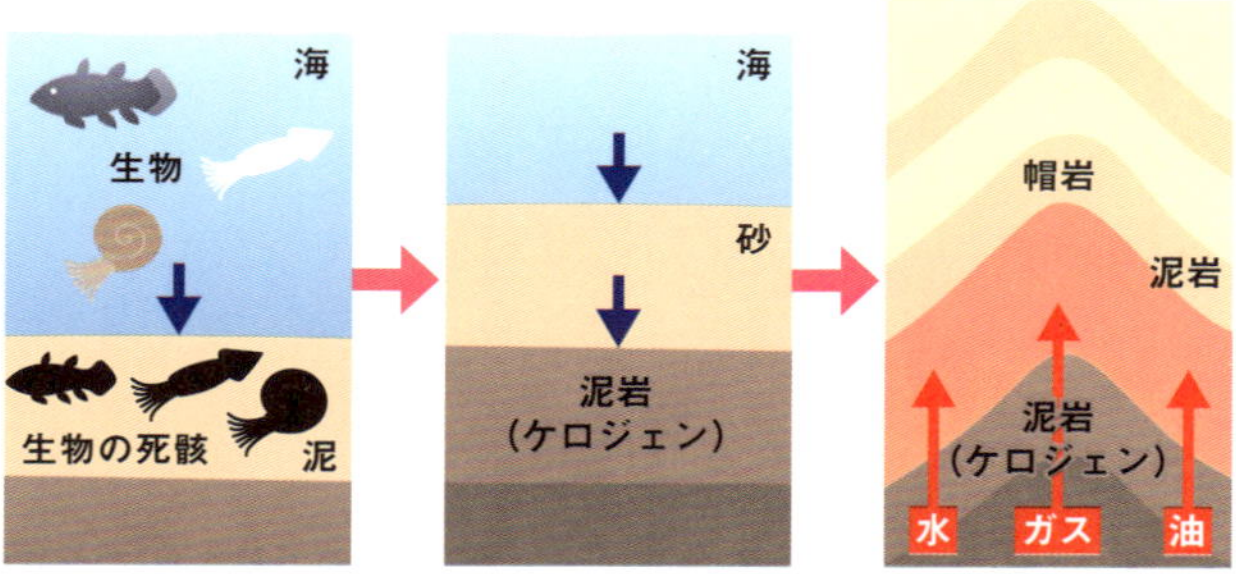

生物の死骸などの有機物が海底に沈み、その上に土や砂が重なり地中に埋まる。

分解を免れた有機物が泥の中に埋もれ、ケロジェンと呼ばれる有機物の塊になる。

地下深くになるにつれ、ケロジェンが熱分解され、炭化水素が発生し石油となる。

こう変わった！

必要不可欠なエネルギー源となる

当時、ランプをつける燃料としては鯨からとる鯨油を使っていましたが、悪臭を放つなどの欠点がありました。キーアが開発した灯油は、たちまちのうちに鯨油に取って代わりました。19世紀にさかんに行われた捕鯨は、こうして低迷しました。

1859年には、**掘削技師のドレークが機械を使って石油を採掘しました。これが、世界初の近代的な油田の掘削となりました。**スタンダード石油を設立したロックフェラーは、パイプライン輸送を採用するなど石油の採掘・精製・輸送を一体化。アメリカの石油産業を独占し、「石油王」と呼ばれました。

19世紀末には**ガソリンエンジンやディーゼルエンジンが発明され、石油は照明だけでなく動力源としても利用されるようになります。**

エネルギー革命をもたらした石油ですが、中東など石油を産出する地域では、大国が石油利権をめぐって争うようになります。中東の情勢が現在も不安定なのは、石油をめぐる大国の思惑が一因です。

【石油を使った製品たち】

灯りの燃料として利用されていた石油はやがて乗り物の燃料やプラスチック製品などにも利用されるようになった。石油は様々な製品に使用するために、純度を高める「精製」という作業を通し、軽油や灯油、ガソリンなどに生まれ変わる。

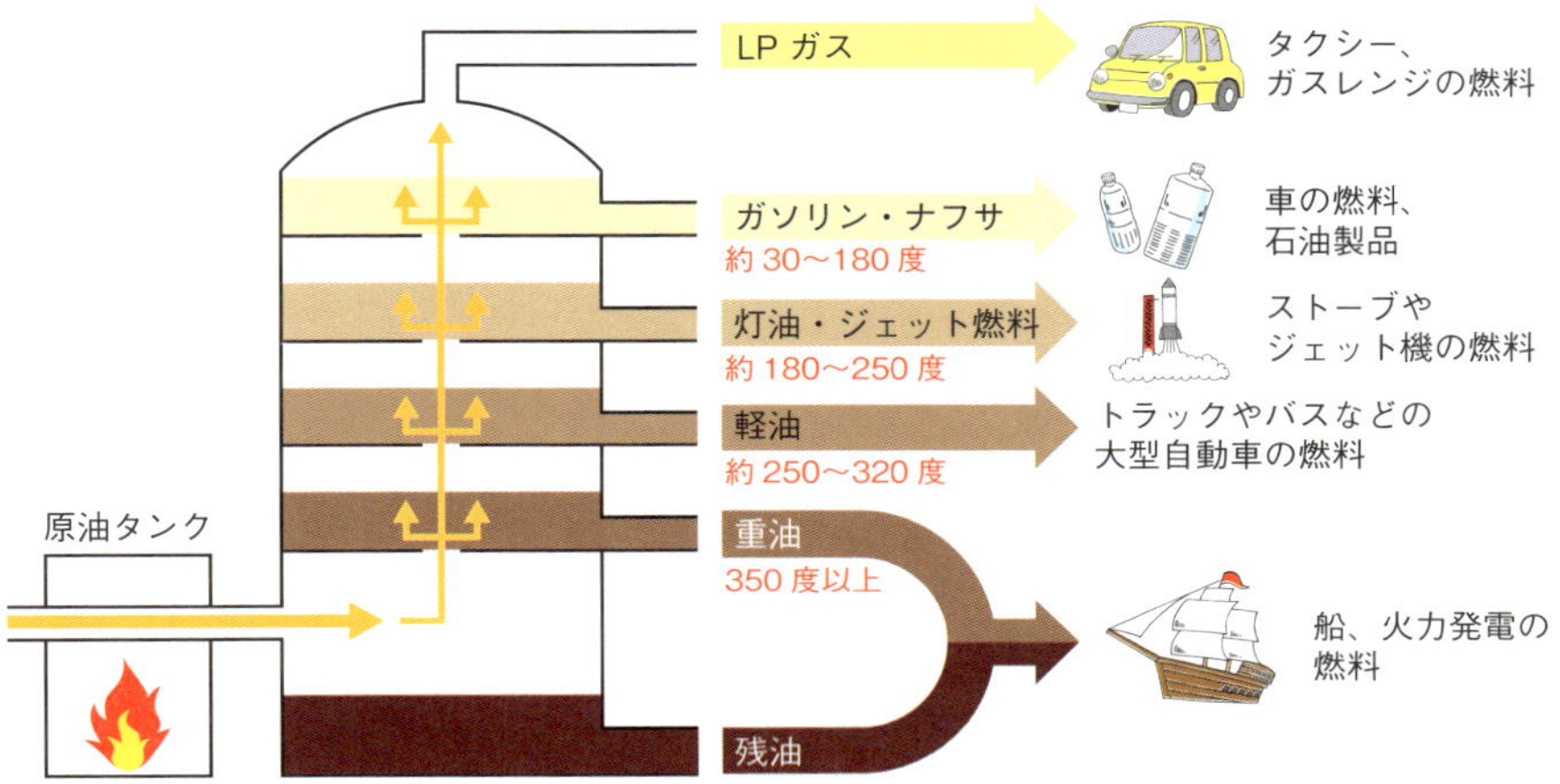

個人の長距離移動を実現した 自動車

時代
1886年

場所
ドイツ

発明者
ベンツ

ポイント
自動車が大量生産により普及。地上での移動が圧倒的に便利になり、生活に欠かせないものとなった。

なにが起きた？

ガソリンエンジンの登場

自動車の発明により、陸上での移動は劇的に便利になりました。その動力であるガソリンエンジンが登場したのは、19世紀末のことです。機械の内部で燃料を燃やし、そのエネルギーで動くものを内燃機関といいます。19世紀後半、**ドイツのオットーは「オットー・サイクル」と呼ばれる効率的な内燃機関を発明しました。**ダイムラーとマイバッハは、オットーの事業に協力していた技術者です。オットーの会社を去った後、二人は内燃機関の改良に取り組み、1883年にガソリンエンジンの開発に成功しました。従来よりも軽く、エネルギー効率もよいものでした。

【オットー・サイクルの仕組み】

定置用オットー・エンジン

「オットー・サイクル」は吸気、圧縮、燃焼・膨張、排気の4つの工程を繰り返して、動力を生み出している。小型で効率がよいことから、現代の自動車エンジンの原型となった。

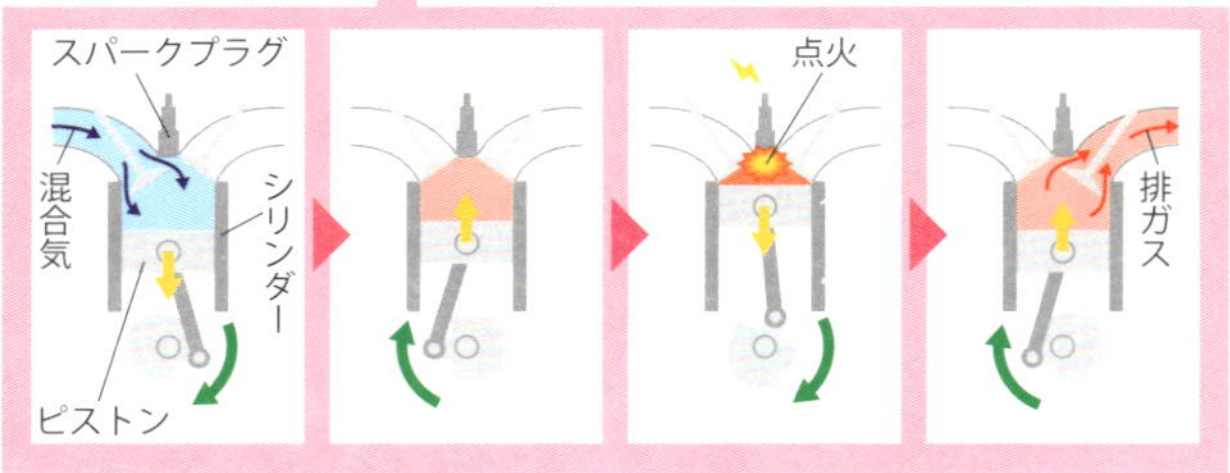

こう変わった！

自動車の大量生産と普及

ダイムラーとマイバッハは、ガソリンエンジンを二輪車に取り付け、初のオートバイを開発しました。一方、**ガソリンエンジンで動く世界初の自動車を発明したのはカール・ベンツです。**１８８８年、ベンツの妻ベルタは自動車に乗り、世界初の長距離ドライブを実行しました。これは、開発されたばかりの自動車の信用を高めることになりました。ベンツとダイムラーはそれぞれ自動車メーカーを設立し（のちに合併）、自動車を普及させます。しかし、登場した頃の自動車はまだ高級品でした。

自動車の大衆化に貢献したのがアメリカのフォードです。**彼は新型車「T型フォード」を開発し、「フォード・システム」と呼ばれる生産方法を導入しました。**部品の規格化やベルトコンベアによる流れ作業などで、生産を効率化。自動車を安価に大量生産できるようにしました。フォード車の登場によって、自動車が社会に不可欠となるモータリゼーションが起こったのです。

【自動車の普及と変化】

自動車の登場により、人々は遠くまで移動できるようになった。当初は高価だったが、技術の発展とともに手頃な価格となり、多くの人が所有できるようになった。しかしその結果、排ガスによる環境汚染が深刻な問題となった。現在はエコカー（エコロジーカー）と呼ばれる、環境に配慮した車の開発が進められている。

アメリカで自動車が普及

1913年
フォード・システムにより、自動車の大量生産が可能に。

フォード・システムの大量生産により、自動車が安価に買えるように。アメリカを中心に車の所有率が増加する。

世界中で自動車が普及

1960年～
世界の経済成長とともに、車の所有率も増加。

車の所有率が増加し、車での通勤が一般化する。1980年頃にはアメリカを抜き、日本が生産量第１位になる。

EV自動車の量産

2010年
世界初の量産型EV自動車が登場し、EV化が進む。

二酸化炭素の排出を減らすため、電気自動車（EV）が増加。2010年には日本で世界初の量産EV車が登場。

遠く離れた人へ声を届ける

電話

時代
1876年

場所
アメリカ

発明者
ベル

ポイント
素早く連絡ができる電話通信は、コミュニケーションを円滑にし、商業活動を活発化させた。

なにが起きた？

情報を電気信号に変換

かつて、離れたところへ情報を伝達するためには、人や動物を使って手紙などを運ぶしかありませんでした。しかし**19世紀になると、情報を電気信号に変えて遠くに送ることができるようになります。**

1830年代、アメリカのモールスは、「・」と「－」からなるモールス符号を考案し、電信機で文章を送れるようになりました。

情報を瞬時に送れる電信は欧米諸国で普及し、19世紀後半には大西洋を横断する海底ケーブルが設置されました。また、**ドイツ人のロイターが全世界の情報を配信するロイター通信社を設立します。遠い国のできごとを翌日には新聞で読める時代になったのです。**

【通信技術の発展】

電信や電話通信などの電波を利用した通信技術は新しい通信網を構築し、より遠くへ、より速く情報を伝えられるようになった。初めはビジネスに活かされ、のちに個人のコミュニケーション手段にもなっていく。

手紙で情報交換 → 電気信号で情報交換 → 声で情報交換

動物や人による伝達
伝書鳩、馬に乗って人が手紙を運ぶなどが主流。鉄道や蒸気船なども、郵送システムの一部に使用。

電信による伝達
アメリカのサミュエル・モールスがモールス符号を開発。電気通信の登場により、電波通信を使用した短時間の情報交換が可能に。

電話による伝達
1870年代に、音声を電波に乗せ、相手に届ける電話通信が登場。専門の知識を必要としないリアルタイムでの情報のやりとりが可能に。

こう変わった！

音声を電気信号に乗せる

音声を電気信号に変換して遠方に伝える電話（機）も開発されました。その発明者がベルです。耳が不自由だった母の影響で、**音声を電気で伝える研究に取り組み、1876年、ベルは電話を発明しました。**

電話の特許を取ったのはベルですが、エジソンは炭素を素材にしたカーボンマイクロフォンを発明し、電話を実用的な形にしました。エジソンは電話の特許権をめぐり、ベルと長期間裁判で争っていますが、敗れています。それでも、のちに主流になったのはエジソンの電話であり、1980年代まで使われました。

電話の普及によってコミュニケーションは円滑になり、商業活動も活発になりました。なお、初期の電話は電話局にいる電話交換手（オペレーター）が手動で電話線をつなぐ必要がありました。しかし、自動電話交換機が広まると電話交換手は姿を消します。1970年代には光ファイバー回線が登場し、高速で安定した通信が可能になりました。

マメ知識

特許が取れなかった!

真の発明者とは？

ベルが電話の特許を取得する約20年前に、イタリアのアントニオ・メウッチが電話機の試作品を完成させていた。しかし、メウッチは特許出願に必要な資金が足りず、特許申請をしなかったという。2002年のアメリカ合衆国議会は「イタリアのメウッチが最初に電話を発明した」と認める決議を行った。そのため、電話の特許はベルのものとなっているが、発明者の栄誉はメウッチに与えられている。

女性も活躍した「電話交換手」

電話機が登場した当初、電話回線を手動で接続する必要があり「電話交換手」という職業が誕生。若い女性が中心となって活躍し、女性の社会進出の先駆けとなったが、自動電話交換機の登場により姿を消した。

電話機 の進化

ライフスタイルとともに姿を変えた電話機

18世紀頃

管を通して声を届けたアナログな通話装置

電話が登場する前、伝声管と呼ばれる金属管を使用した通話装置が使用されていた。電気を使用せず、単純な構造だったため、船や工場など広い建物で内線通話のために使用されていた。

Before

1876年

声を電気信号に変えた ベルの電話機

ここが変わった

音声を電気信号に変換し、遠方に送る仕組みは今とほとんど同じだが、非常に聞き取りづらかった。その後エジソンの改良により、現在の電話機の基礎ができた。

1881年

電話交換手を必要としない自動電話交換機の登場

ここが変わった

ストロージャー式交換機を取り入れた燭台型自動電話機が登場。対応する番号にかけることで、自動交換機が任意の相手につなげる仕組みがここで誕生した。

NTT 提供

1900 年頃

電話が高価な時代に 活躍した公衆電話

ここが変わった

電話機がまだまだ高価だった時代、公衆電話や店頭に置かれた電話機を使用し、人々は連絡を取り合っていた。

1960 年代

より素早くつながるようになった プッシュホン

ここが変わった

縦列には高周波数、横列には低周波数が割り当てられ、周波数の組み合わせによりつながる相手が判断される。入力時間が短縮されるため、現在はほとんどがプッシュホンとなっている。

1970 年頃

移動式の電話機 自動車電話機

ここが変わった

現在の携帯電話の元になった、車に乗って移動しながら電話できる自動車電話。1950 年頃に登場したが、当時は手動式の回線のみであり、高価であった。そのため、本格的に普及したのは、1970 年代後期である。

New

2007年

利用者に合わせた個性あふれる スマートフォン

高齢者向けのらくらくホン、折りたたみ式のスマートフォンなど、人々の生活スタイルに合わせ様々な形のスマートフォンが登場している。

音楽産業を生み出した 蓄音機

なにが起きた？

音を記録し再生する

人間の発した声などの「音」は、その場限りで消えてしまいます。**エジソンの蓄音機が、音の記録と再生を可能にしたのは革命的な発明でした。**

音は空気の振動であり、波の形で記録することができます。19世紀半ば、フランスのマルタンヴィルがつくったフォノトグラフは、振動を針先に伝えて紙をひっかくことで音を記録しました。しかし、これは音を記録できても、再生することはできません。

エジソンは、次のような発想で音を再生しようとしました。スズ箔を巻いた金属の筒を回転させ、針に空気の振動を伝える。**表面にできた凹凸を針先がなぞることで、音を再現しようとしたのです。**

時代
1877年

場所
アメリカ

発明者
エジソン

ポイント
音を再生する技術が誕生。のちにレコードが誕生し、音楽を好きな時に聴けるようになった。

エジソンのフォノグラフ

針先がスズ箔（のちにレコード）に音声の波形の跡をつけ、その波形をたどって振動板を振動させることで音を再生していた。

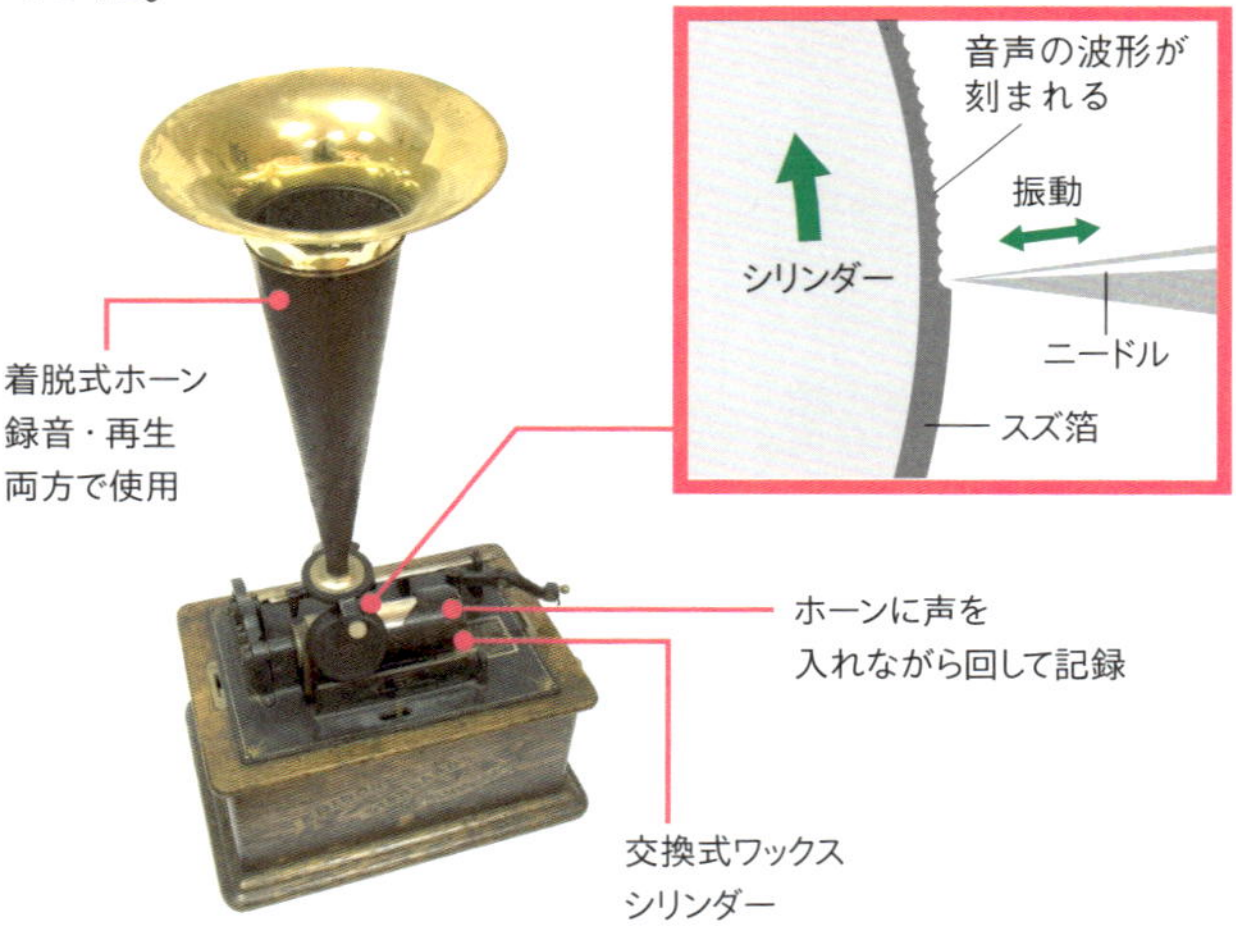
着脱式ホーン
録音・再生
両方で使用
ホーンに声を
入れながら回して記録
交換式ワックス
シリンダー
音声の波形が
刻まれる
振動
シリンダー
ニードル
スズ箔

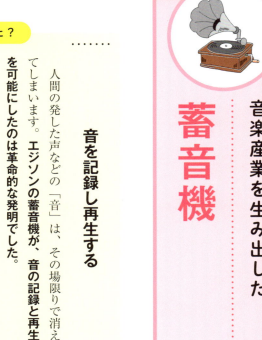

こう変わった！

音楽を繰り返し聴ける時代へ

1877年、エジソンは蓄音機を公衆の前で実演し、翌年には会社も設立しました。しかし、この段階では音質が悪いうえ、素材のスズも高価だったため実用には向きませんでした。エジソンの興味は、ほどなく白熱電球の開発へと移っていきます。

蓄音機を実用化したのは、電話の発明者ベルの会社で働くベルリナーという技術者でした。エジソンとベルが電話の特許権を争った時、ベルリナーの技術のおかげでベルが勝利したという因縁があります。彼が発明したのは円盤式蓄音機（グラモフォン）といい、亜鉛製の円盤に溝を刻んで録音します。円盤式ならば、レコードの複製も容易で、収納も楽です。

蓄音機の登場により、コンサート会場に行かなくてもオーケストラの演奏を聴けるようになりました。ベルリナーの設立した会社は、ドイツ・グラモフォンやビクターなどの多くのレコード会社の母体となります。**音楽という娯楽が大衆化するとともに、音楽が巨大な産業となったのです。**

【音楽が繰り返し聴けるようになった】

生演奏でしか音楽を聴くことができなかった

レコードが普及する前、人々はコンサートやラジオの生演奏でしか音楽を聴くことができなかった。

レコード会社が次々と誕生し、音楽は一大産業になった。

レコードとプレーヤーさえあればどこでも聴ける!

小型のレコードと再生プレーヤーの登場により、音楽はいつでも、どこでも聴けるようになった。

音楽再生機の進化

音楽が繰り返し聴ける再生プレーヤー

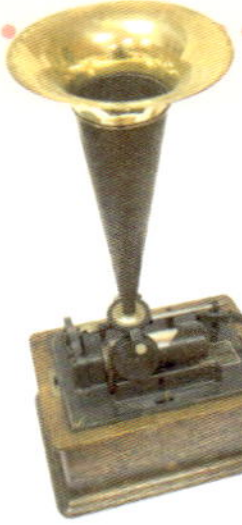

19世紀

世界初の蓄音機 エジソンのフォノグラフ

エジソンが開発した蓄音機は、初めて音を再生した機器であった。この登場により、音を記録し、再生する仕組みの基礎が築かれた。

Before

最初に開発されたSP盤のレコード(左上)。落としたら綺麗に割れるため、瓦盤とも呼ばれた

19世紀

量産を可能にした レコードとグラモフォン

ここが変わった

グラモフォンと円盤レコードの登場により、レコードの量産が可能になった。音質は悪かったが、エジソンのフォノグラフより、安価に同じ音源をコピーできた。

1950年代

フィルムテープに音を乗せる テープレコーダー

ここが変わった

磁気を使用し、テープレコーダーに音声を残すようになった。テープレコーダーの登場により、より長時間、高音質の録音が可能になった。

1979年

音楽を気軽に持ち運べる ウォークマン

ここが変わった

ウォークマンのヒットによりお気に入りの音楽のプレイリスト（カセットテープ）をつくり、気軽に持ち運ぶ、という文化が世界中に広まった。

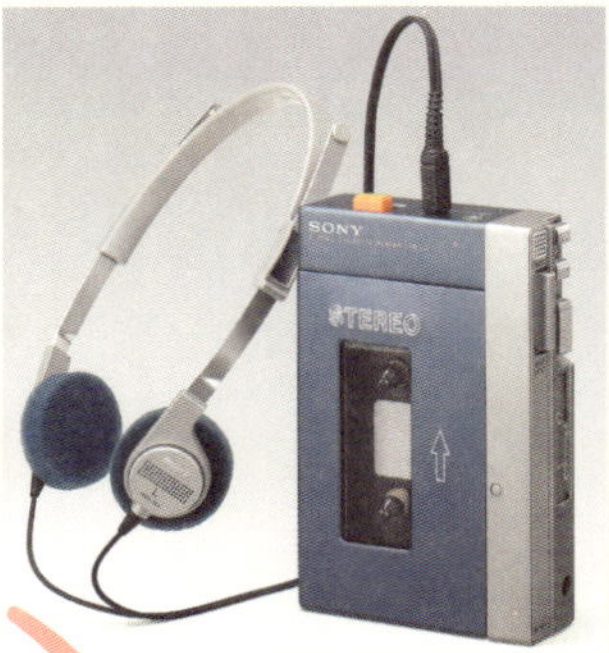

© ソニーグループ株式会社提供

1980年頃

音楽に合わせて踊る・歌う ラジカセが生んだ文化

ここが変わった

広場で自分の好きな音楽を大音量で流せるラジオカセットテープレコーダー（ラジカセ）はアメリカのヒップホップカルチャーに音楽をもたらした。

1982年

多機能でコンパクト CDプレーヤー

ここが変わった

従来のレコードに比べ、CDは取り扱いが安易で場所をとらない。そのため、徐々に普及し、音楽産業の中心となった。

© ソニーグループ株式会社提供

音を波形ではなく、デジタル情報として記録するコンパクトディスク（CD）

New

2000年頃

配信で音楽を聴く時代へ デジタルメディアプレーヤー

2000年代に入ると、音響データを再生する小型のデジタルメディアプレーヤーが普及した。また、インターネットの広がりとともに、音楽がデータ配信されるようになった。

Appleのデジタルメディアプレイヤー「iPod」

電気

生活を一変させたエネルギー

時代
1882年

場所
アメリカ

発明者
エジソン

ポイント
発見から様々な科学者たちが関わり、電球を普及させようとしたエジソンによって実用化した。

なにが起きた？

静電気から発見された「電気」

私たちの生活は、今や電気なしでは成り立たなくなっています。**電気が人々の暮らしを支えるようになったのは、19世紀後半のことでした。**

電気の存在は、古代ギリシア時代にはすでに知られていました。紀元前600年頃、哲学者・科学者のタレスは、琥珀を布でこすると羽毛を引き寄せることを発見しました。静電気に関する最古の記録です。

16世紀には、イギリスのギルバートは静電気の正体を研究し、「電気（electricity）」という単語をつくりました。**18世紀末、イタリアのボルタが化学反応によって電気を発生させる「ボルタ電堆」を発明します。**これが史上初の電池とされます。

【直流と交流の違い】

直流は何秒たっても電圧が変わらないため、電力消耗が大きい一方で、長距離送電でも電流が安定する。対して、交流は時間が経つにつれ、プラスになったりマイナスになったり変化するため、長距離送電は安定しないものの、電力消耗が少ない。

大きさと向きが変化しない

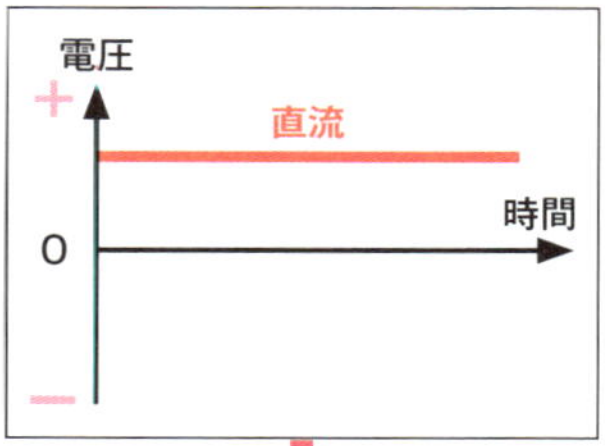

電力消耗が大きい
長距離送電でも安定

大きさと向きが変化する

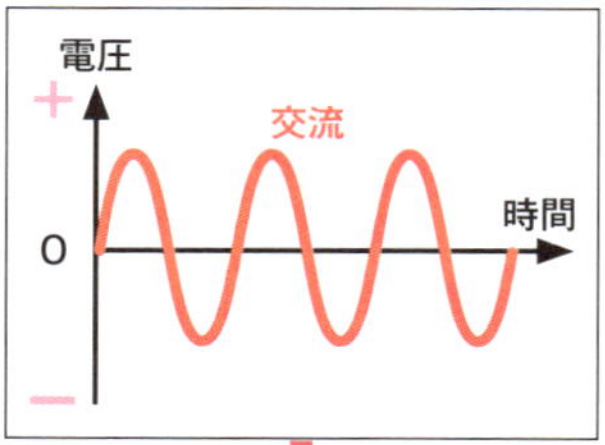

電力消耗が少ない
長距離送電が不安定

こう変わった！

家庭で電気が利用される

その後、**イギリスのファラデーが磁石の力で電気を発生させる電磁誘導を発見します。これにより、機械の動きを使って発電できることがわかりました。**

電気の普及に大きく貢献したのは、白熱電球を開発したエジソンでした。彼の発明した電球が家庭やオフィスを照らすには、そこに電気を供給しなければなりません。**発電所を建設し、送電線を使ってそれぞれの建物に送る仕組みはエジソンの発案でした。**

エジソンによる送電システムは直流といい、電流の大きさや向き、電圧が一定です。これに対し、オーストリア出身のニコラ・テスラが開発した交流システムは、電流や電圧が周期的に変わります。

直流か交流かをめぐり、「電流戦争」と呼ばれる激しい競争が起きます。エジソンは交流システムに悪いイメージをつけるため、電気椅子による処刑に交流を用いた装置を売り込みました。この戦いでは、送電ロスの少ない交流システムに軍配が上がり、現代でも発電所からの送電に使われています。

【電気が利用されるまで】

雷から電気を発見 → 世界で初めての電池 → 発電機の元となる → 電気利用の基盤を築く

フランクリンの凧揚げ実験

アメリカの科学者・フランクリンは雷の中、針金を取り付けた凧を揚げて雷を誘導し、びんの中に電気をためる危険な実験を行った。この実験により、雷は電気でできていることを証明した。

ボルタの電池

イタリアの物理学者・ボルタは、銅と亜鉛の2種類の金属と食塩水があれば電気が発生することを発見。銅と亜鉛の間に塩水を染み込ませた布をはさみ、「ボルタ電堆」を発明。

ファラデーの電磁誘導

イギリスの科学者・ファラデーは、コイルのそばで磁石を動かすと電気が発生することを発見。これを「電磁誘導」の法則といい、発電機などに応用されている。

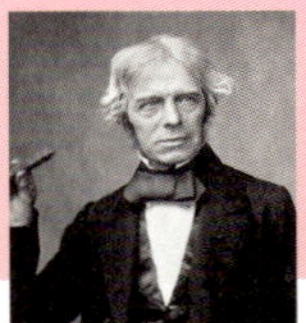

電球と送電システムの普及

アメリカの発明家・エジソンは電球を発明し、その電球を使用するために発電所を建設、送電システムを整えた。各家庭で電気を使用できる環境の基盤をつくった。

夜を照らし、人間の活動時間を増やした 白熱電球

時代
1860年

場所
イギリス

発明者
スワン

ポイント
室内でも安全に利用できる電気を使った照明。送電設備も整えられ、夜も活動できるようになった。

なにが起きた？

新しい照明が誕生

照明が登場する以前、人間は夜になると活動ができませんでした。**夜を明るく照らす照明の発明は、人間の活動時間を増やすことになりました。**

近代以前にはろうそくやたいまつを使っていましたが、18世紀末にはガスで火をともすガス灯が発明されました。しかし、ガス灯はすすや悪臭などの問題があり、室内の使用には不向きでした。

19世紀、電気を用いた照明の研究も進みます。電流を通すと、素材によっては発熱・発光するからです。炭素を用いたアーク灯が開発されましたが、光がまぶしすぎるなどの欠点がありました。そこで19世紀後半、白熱電球の開発競争が起きました。

【エジソンの白熱電球の仕組み】

ガラス球の中は真空状態になっており、フィラメント部分には、酸素を残さないように炭化した素材が使用された。そのため、「炭素電球」とも呼ばれる。

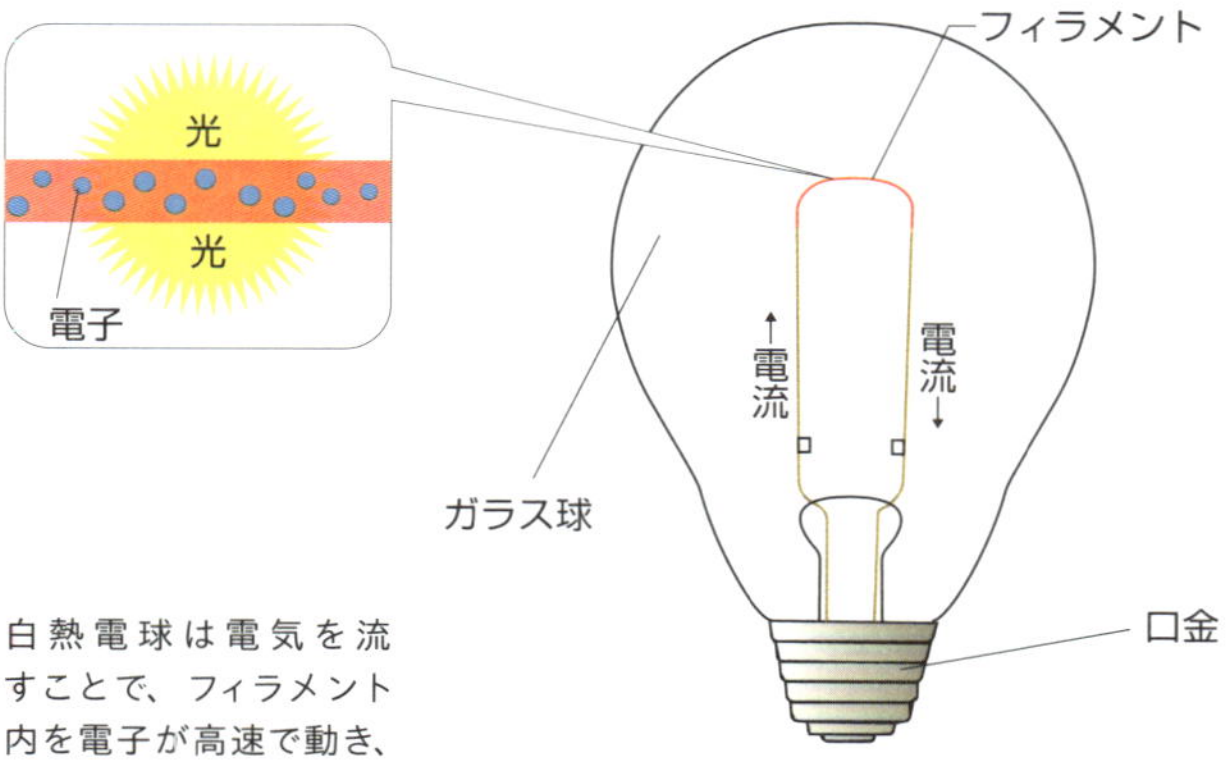

白熱電球は電気を流すことで、フィラメント内を電子が高速で動き、それによって生じる摩擦で高温になり、発光する。

こう変わった！

白熱電球により電気設備が整う

白熱電球の発明者はエジソンとされますが、正確には1860年にイギリスのジョセフ・スワンによって発明されました。真空のガラス球に、炭化した紙のフィラメントを入れます。フィラメントに電流を通すと発光するという仕組みです。1878年彼は試行錯誤の末、40時間連続で発光させることに成功しました。

スワンと電球の開発を争っていたエジソンは、さらなる改良に取り組みます。エジソンは数百時間の寿命を目指し、世界中からあらゆる素材を集めてフィラメントに使う実験を行いました。

竹がフィラメントとして優れていることをつきとめたエジソンは、最も適した竹を世界中から探します。1880年、**日本の京都・石清水八幡宮の真竹を使ったフィラメントは、1200時間以上の発光を達成しました。**

エジソンはさらに、電気を家庭や工場などに送って電球をつける仕組みも整えました。エジソンが電球を普及させたおかげで、人類は夜の屋内でも昼間と変わらず活動できるようになったのです。

日本では？

江戸時代に使われていた!

エレキテル

郵政博物館提供

江戸時代にオランダから日本へ持ち込まれた電気を使う医療器具。長崎にて、エレキテルに興味を持った平賀源内が模造製作。江戸の大名屋敷などで見世物、または治療用器具として使用していたという。

【フィラメントに使われた素材】

より効率的に発光し、長持ちするためのフィラメントの研究は、エジソンの死後も様々な研究者によって続けられた。

より明るい照明 ← くすまない照明 ← 長持ちする照明

1880年頃 エジソンの白熱電球

エジソンは「炭素電球」のフィラメント素材として、耐熱性に優れ、細くしても折れにくい竹を選び、白熱電球が誕生。その後、エジソンは電球を使用するための送電装置など電気設備の数々を開発し、整備した。

1910年頃 クーリッジのタングステン

アメリカのクーリッジによって発明されたタングステンは、炭素フィラメントのガラス球が黒ずむ問題を解消した。当初は脆かったが、改良が重ねられ広まっていった。

1960年頃 ツブラーのハロゲン電球

アメリカのツブラーらによって発明されたハロゲン電球は、フィラメントが消耗することなく、半永久的に光る仕組みをつくり、より寿命の長い電球が誕生した。

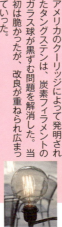

照明の進化

より安全に明るく暗闇を照らす灯り

紀元前3000年頃

動物や植物の油を使ったろうそく

昔、夜を明るくする照明は「火」であった。その歴史は油灯から始まり、紀元前3000年頃にろうそくが誕生。以降19世紀まで、照明の歴史に大きな発展はなかった。

Before

18世紀末

都市を照らしたガス灯

ここが変わった

ガス灯は換気の問題により室内での利用はされず、主に街灯として活躍した。1871年には日本にも登場し、夜の街を明るく照らした。

1880年頃

電球用の送電設備も整えたエジソンの発電所

ここが変わった

エジソンの偉業は、白熱電球の発明だけでなく、使用するため電気事業を起こし、送電環境を整えた点である。

1926年頃

白熱電球よりも寿命が長い 蛍光灯

ここが変わった

ドイツの発明家エトムント・ゲルマーのグループによって開発された「アーク放電」という現象を応用したランプ。いわゆる「蛍光灯」だ。白熱電球よりも寿命が長く、特に屋外照明として利用されている。

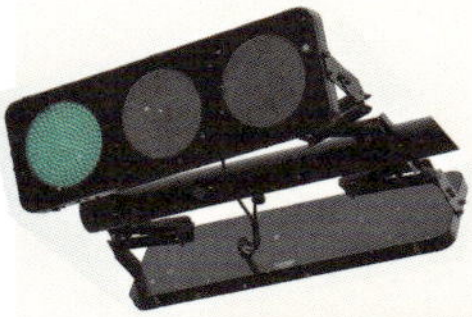

LEDを使用した信号機。消費電力は少ない一方、雪が積もっても熱が少ないため溶けにくいという欠点があった。吹雪が直撃しないように、面を傾ける工夫がされている

1960年頃

最もエコな照明 LED

ここが変わった

LED（発光ダイオード）は、電気から光にエネルギーを変換する半導体電子部品のことである。長寿命で低燃費であり、衝撃にも強い特徴を持ち、現代でも最も使用されている照明となった。

New

1990年頃

日本人によって発明された 青く光るLED

LEDは、1980年頃まで赤と、黄（黄緑）の2色しか実用化されず、活躍の場が限られていた。しかし、1990年頃、日本の中村修二氏により、青色のLEDが開発され、「光の三原色」が揃ったことでフルカラーを表現できるようになった。

青色のLEDを発明した中村修二氏はノーベル物理学賞を受賞

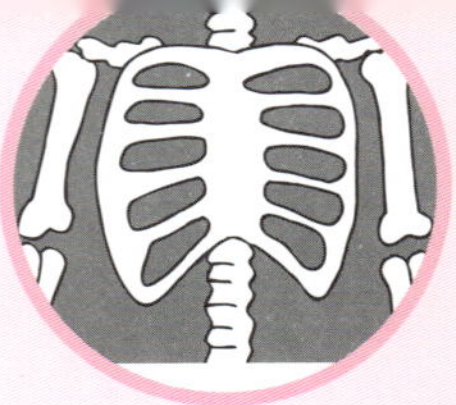

放射線の解明につながった

X線（レントゲン）

時代
1895年

場所
ドイツ

発明者
レントゲン

ポイント
X線の発見は放射線物理学を生み、医療に利用される一方で、核爆弾という兵器開発にもつながった。

なにが起きた？

放射線の発見

病院でおなじみの**レントゲンを使うと、普段は見えない体内の様子を写すことができます。**ドイツの科学者ヴィルヘルム・レントゲンが名前の由来です。1895年、レントゲンは真空放電の研究に取り組んでいました。真空放電とは、真空中に電極を置き、高い電圧をかけると空間に電気が流れ、発光する現象のことです。

ある時レントゲンは、真空管を黒い紙でおおっているにもかかわらず、蛍光物質を光らせるなにかが発せられていることに気づきました。目に見える光線とは違う未知の光線であり、レントゲンは正体不明のそれを「X線」と名付けました。

放射線が発見された歴史

「X線」から始まった放射線の研究は、解明されると同時に医療や農業をはじめ、様々な分野で利用されるようになった。

レントゲンに使用される「X線」が発見される

ウランの放射能を発見
キュリー夫妻が解明

1895年 レントゲンが「X線」を発見

ヴィルヘルム・レントゲン（下）が、透過する放射線を発見。未知の意味を込めて「X線」と名付ける。薄い金属などは通るが、高密度の物体を通り抜けないため、レントゲンなどの医療検査に使用されている。

1896年 ベクレルが「放射能」を発見

フランスのアンリ・ベクレル（下）がウランの放射線を発する能力（放射能）を発見。この現象に興味を持ったキュリー夫妻の研究により、ウラン鉱石からより強い放射線を発する、ポロニウムとラジウムが発見された。ラジウムはがん治療などに利用されている。

こう変わった！

新しい学問として研究が進む

X線は、人体や分厚い本を透過する一方で鉛を透過しない、発熱はしないなどの性質がありました。レントゲンは妻の手を固定し、史上初のレントゲン写真の撮影に成功しました。レントゲンの発見は大きな反響を呼び、翌年には早くもX線を用いたレントゲン写真で骨折の治療が行われました。また、**X線の正体をつきとめる研究がさかんに行われ、放射線の解明につながっていきます。**

X線発見の翌年、フランスのベクレルは、ウランが放射能（放射線を出す能力）を持つことを発見しました。さらにはピエールとマリーのキュリー夫妻が、ウランの100万倍もの放射能を持つラジウムを発見します。一連の功績により、レントゲンは第1回の、ベクレルとキュリー夫妻は第3回のノーベル物理学賞を受賞しました。

レントゲンの発見は、放射線物理学という新たな領域を生み出しました。これは、やがて核爆弾という恐ろしい兵器を生み出すことになります。

放射線の解明が進み、α線、β線などが発見
原子爆弾の開発につながる発見もされる

1898年 ウランからα線、β線が発見

「原子物理学の父」とも呼ばれる、イギリスのアーネスト・ラザフォード（下）がウランからα線、β線の2種類の放射線が出ていることを発見。のちに、γ線の命名も行った。γ線は滅菌やジャガイモの発芽抑制に利用されている。

1938年 核分裂が発見される

オットー・ハーン（左下）とリーゼ・マイトナー（右下）がウラン原子に中性子を吸収させると、より小さい原子に分裂することを発見。分裂する際に新しい中性子が発生し、連続して分裂が起こる「連鎖反応」は巨大なエネルギーを発するため、原子力発電所の他、原子爆弾にも応用された。

KEY PERSON

ノーベル賞を2度受賞

マリー・キュリー

夫のピエールとともに、ポロニウムとラジウムの発見が評価され、1903年にノーベル物理学賞を受賞する。その後、ラジウムの性質を研究した功績でも、ノーベル化学賞を受賞。世界で初めて2度の受賞をした人物となった。

発明こぼれ話

世界の発明王は訴訟だらけのビジネスマン!?

トーマス・エジソンといえば誰もが知る「発明王」だ。ただ、彼はビジネスマンとしての側面も強い。エジソンが発明したといわれる「白熱電球」「電話」「無線通信」「蓄音機」のうち、最初の三つには明確に先駆者がいて、どれも、実用化したもの、あるいは、一般に広く使えるように改良したものだった。

「白熱電球」も改良発明で、この実用化で大きく儲けようとして、発電、送電も手がける企業を立ち上げている（現ゼネラル・エレクトリック）。

エジソンはビジネス面と実用性にこだわっていて、自らの権利を守るために数々の特許を取得し、またよく訴訟を行っている。特に映画においてはリュミエール兄弟の「シネマトグラフ」（→ p.134）がスクリーンに映す映画の始まりとされたが、その4年前に「キネトスコープ」（こちらは機械の中をのぞくタイプ）を発明していたエジソンは自分の技術に関連するものの使用禁止を求めて映画業界全体に訴訟を起こしている。

ただ、この「キネトスコープ」も助手であったディクソンという人物の発明である。エジソンは金儲けよりも、次の発明をするための資金を欲していたのだともいう。

トーマス・エジソン
（1847～1931年）

ニコラ・テスラ
（1856～1943年）

エジソンのライバルといわれる同時代の発明家テスラは、蛍光灯や電子レンジ、テレビのリモコンの原理を発明した人物だ。エジソンの電力会社に勤めていて、エジソンから「交流発電が成功したら5万ドルをやる」と言われたが、約束は守られず、以降は対立する

第 5 章

20世紀前半の発明

この時代は2度の世界大戦を迎えます。
発明の多くは軍事転用され戦争に使われました。
テレビなどの娯楽も国威発揚に利用さています。
また戦争によって生み出された発明も多くあります。

新聞

世の中の動きを大衆に伝えた最初のメディア

時代
紀元前45年
(ユリウス暦)

場所
イギリス他

なにが起きた?

労働者階級が読む大衆紙が登場

新聞が誕生したのは1605年。ヨハン・カロルスによって世界初の週刊新聞が創刊されました。およそ50年後、現代のスタイルとなる日刊紙が創刊。政治ニュースは裕福な人々のもとへ届くようになりました。一方で厳しい検閲が行われましたが、イギリスでは言論の自由がいち早く認められました。

印刷技術の発展や学校教育の普及で19世紀には新聞の大衆化が進み、ゴシップを取り上げる安価な大衆新聞も増えていきました。19世紀末、アメリカで大衆新聞(イエロー・ペーパー)が台頭。反体制を掲げ、政府や大企業を攻撃するも、それは「一般大衆受け」を狙った扇情的な記事が多いものでした。

【マスメディアの影響力】

1814年、初の蒸気機関での印刷(英タイムズ)。印刷部数が4倍、最新情報の掲載が可能になる。

言論の自由が認められる

情報ニーズの高まり

市民の成熟

高級紙
タイムズ紙はイギリスで高級紙と分類される。世界初の外国特派員を派遣。良質な報道で官僚や資本家の評判を確立。

大衆紙
アメリカではゴシップの多い安価な大衆紙が流行。広告収入の増大により、大衆が好む記事を載せ、読者獲得競争が激しくなる。

ポイント
大衆紙の販売競争が激化して、扇動記事、捏造記事が出回り、ついには世論を動かして戦争が起きてしまった。

こう変わった！

民衆を扇動するようになった

大衆新聞は読者獲得のため、センセーショナルな報道合戦を行うようになりました。**他社より多く売りたいがために、誇大な見出しをつけて、事実の裏づけのない記事を載せるありさまでした。読者を煽るような報道は、ついに戦争のきっかけになってしまいます。**

1898年、当時スペイン領だったキューバのハバナ港に停泊していたアメリカの軍艦が突如爆沈。アメリカ政府はスペインに抗議しますが、爆沈の原因は不明でした。ところが、これを煽ったのがジョセフ・ピュリッツァーの新聞『ニューヨーク・ワールド』。他紙も対抗して報道合戦を行い、確証もないまま「スペインをやっつけろ！」の大合唱を引き起こしました。こうしてアメリカ国内ではスペインの謀略であるという見方が強くなり、政府は国内世論を味方につけて宣戦布告。アメリカ＝スペイン戦争が始まったのでした。

こうした報道は「イエロー・ジャーナリズム」と批判を受けました。ピュリッツァーはのちに、優れたジャーナリズムを表彰する賞の創設を望みました。

KEY PERSON

「新聞王」と呼ばれた男

ウィリアム・ランドルフ・ハースト

アメリカの実業家。ピュリッツァーの『ワールド紙』と熾烈な発行部数競争を繰り広げた。ハースト社は、現在も24の日刊紙と52の週刊紙を発行している。

発行部数の増大

新聞ジャーナリズムが世論をつくり、政治にも影響を与えるようになる

1900年、義和団事件で外国公使館を守るという柴五郎の活躍をタイムズ紙が取り上げ、のちの日英同盟締結に向けて大きな影響を与えた。

扇動主義のイエロー・ジャーナリズム　不正確または嘘の情報で世論が動いてしまう

1898年、過激な報道合戦でアメリカ=スペイン戦争が勃発してしまう。

アメリカ＝スペイン戦争から発展したアメリカとフィリピンとの戦争。「10歳以上は皆殺し」と書かれている。ここでもイエロー・ジャーナリズムは過激な論調で国民を煽った。

映画

民衆を熱狂させたまったく新しい娯楽

時代

1895年

場所

フランス

発明者

リュミエール兄弟

ポイント

今では大衆娯楽の代表だが、発明当時は各国の政治指導者によってプロパガンダに利用された。

なにが起きた？

新しい庶民の娯楽が生まれる

観客を夢中にさせる映画は19世紀末、フランスのリュミエール兄弟によって発明されました。

リュミエール兄弟が映画を発明したきっかけは、トーマス・エジソンの「キネトスコープ」でした。キネトスコープは、大きな箱の中に装てんしたフィルムを回転させることで、のぞき穴から映画に近い映像を見ることができました。しかし、一人だけしか映像を見ることができない欠点がありました。

リュミエール兄弟は連続写真が撮影でき、同時にスクリーンに映写もできる機械「シネマトグラフ」を開発。料金をとって観客に映像を見せました。複数の人が同時に楽しむことができる映画が誕生したのです。

【パリ万博で世界を驚かす】

リュミエール兄弟は1900年のパリ万博でシネマトグラフによる映像を公開している。この時会場だったカフェの地下が世界初の映画館ともいわれている。

リュミエール兄弟がつくったシネマトグラフ

こう変わった！

プロパガンダとして世界的に利用される

当初の映画は物語もなくただ人を撮影しただけのもので、音声もついていませんでした。それでも動く映像を見ようと人々は殺到。大衆の娯楽として急速に普及していきました。俳優を起用した芸術としても発展していき、音声がついた「トーキー」が登場して、さらに大衆化が進みます。

ところが、**第二次世界大戦の前頃からナチス・ドイツやソ連などで、国策としてプロパガンダ映画が多数制作されることになりました。**プロパガンダ映画とは、ある政治的意図のもとに主義や思想を宣伝するためにつくられた映画のこと。複数の人が同時に映像を見て、感情や熱狂を共有できる映画の効果に、各国の指導者たちが目をつけたのです。

時の権力者スターリンやヒトラーに限らず、日本やアメリカでも戦争や政権の正当性を主張するため、プロパガンダ映画は盛んにつくられました。映画は時に政治に利用されることもありましたが、今では子どもから大人まで大衆の娯楽として親しまれています。

日本では？

日本独自の映画文化

「活動弁士」とは？

無声映画時代、映画には途中で説明テキストが入ることがあったが、輸入映画はもちろん外国語だった。そこで日本では上映中に映画の内容をスクリーンのそばで解説したり、セリフを言ったりする「活動弁士」という職業が誕生する。今でいうナレーターのようなものだったが、実は海外にはない独自の手法だった。トーキーの普及や日本語字幕の登場によって、急激に衰退することになる。

【名作プロパガンダ映画】

現在では映画史における名作古典とされる「戦艦ポチョムキン」は共産主義プロパガンダ映画として、多くの国で上映が規制された。日本でも戦後22年経ってからようやく一般公開されている。一方、アメリカ映画「カサブランカ」はラブロマンスの名作だが、戦時中につくられたため、ドイツは徹底的に悪役として描かれた。

「戦艦ポチョムキン」のソ連公開時のポスター

映画技術 の進化

新しい映像表現を生み出してきた名作たち

1888年

ギネス世界記録にも認定された世界最古の映画

フランス人発明家のルイ・ル・プランスは、世界で初めて単眼レンズを使用し映像の撮影に成功。「映画の父」ともいわれる。

「ラウンドヘイの庭の場面」
ギネス世界記録に認定された現存する最古の映画。紙フィルムに記録された映像の長さは 2.11 秒。

Before

1900年頃

様々な技法を生み出したメリエスの映画

「月世界旅行」(1902)
ロケットがぶつかり、顔を歪める月。月の表情はメリエス本人が演じている。

フランス人のジョルジュ・メリエスは、場面の移り変わりを表現したディゾルブ、合成技術である多重露光など、多様な映像技法、編集技法を誕生させた。

1927年

映画に音楽がついたトーキー映画

トーキー映画以前は、上映に合わせて生演奏をつけていた。初のトーキー映画である「ジャズ・シンガー」の成功により、音声付きの映画が急増した。

「ジャズ・シンガー」(1927) に音をもたらしたヴァイタフォン(下)。ワーナー・ブラザースが開発。映像と同時に録音したレコードを上映時に再生することで音をつけていた。

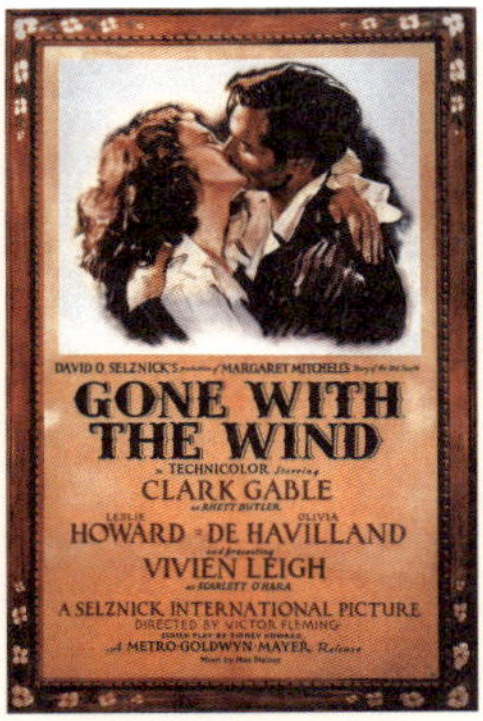

「風と共に去りぬ」(1939)
第 12 回アカデミー賞を受賞した長編カラー映画。アカデミー受賞作の中では、最高興行収入額を記録。

1930年頃

衣装にも色彩が与えられたカラー映画

カラー映画の普及とともにカラフルな衣装が登場。衣装の色も物語を伝える大切な一つの要素となった。

「オズの魔法使」(1939)
テクニカラーとよばれる、音声情報に干渉せず、カラーを実現した技術を使用し一部を撮影。色鮮やかな映像で人々を魅了した。

1977年

様々な技法を駆使した「スター・ウォーズ」

「スター・ウォーズ」はミニチュア模型を使用した特撮技術、ブルーバック合成など、数多くの撮影技術を組み合わせ、質の高い特殊効果を実現。SF 映画の評価を大きく変えた傑作となっている。

ジョージ・ルーカスが監督した宇宙を舞台にした SF 作品。SF 映画ブームのきっかけとなる。

「スター・ウォーズ」の撮影で使用された「TIE ファイター」の模型。

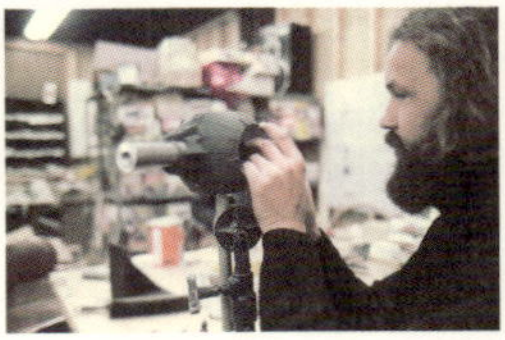

モーション・キャプチャー
特殊な装置をつけて、役者の動きを追尾。そのデータをフル CG のキャラクターに反映させ、リアルな動きを表現する。

2000年頃

モーション・キャプチャーや CG など映画のデジタル化

インターネットやパソコンの登場により、CG やモーション・キャプチャーを利用したデジタル合成技術が発達。より質の高い SF 映画やアクション映画の制作が可能になった。

「アバター」(2009)
CG などのデジタル合成技術を駆使し制作された SF 映画。2024 年時点で、世界最高興行収入を保持し続けている。

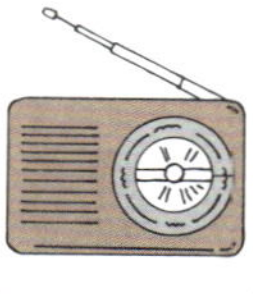

電波を実用化させた画期的な発明

無線通信

なにが起きた？

電波を使った通信に成功した

ラジオやスマートフォンなど、私たちの身近な機器に電波は使われています。**電波は自然界の中に存在していますが、人類が電波を利用するようになったのは約120年前のことです。**イタリアの発明家グリエルモ・マルコーニが無線電信機を発明し、無線通信を成功させたことがきっかけになりました。

マルコーニの発明の約10年前には、電波はすでにドイツの物理学者ハインリッヒ・ヘルツによって発見されていました。しかしヘルツは電波に実用的な使い道があるとは考えていませんでした。他の科学者たちがこの発見に飛びつき開発競争を行った結果、電線を使わずに世界中に電波を送れるようになったのです。

【電波は電磁波の一種】

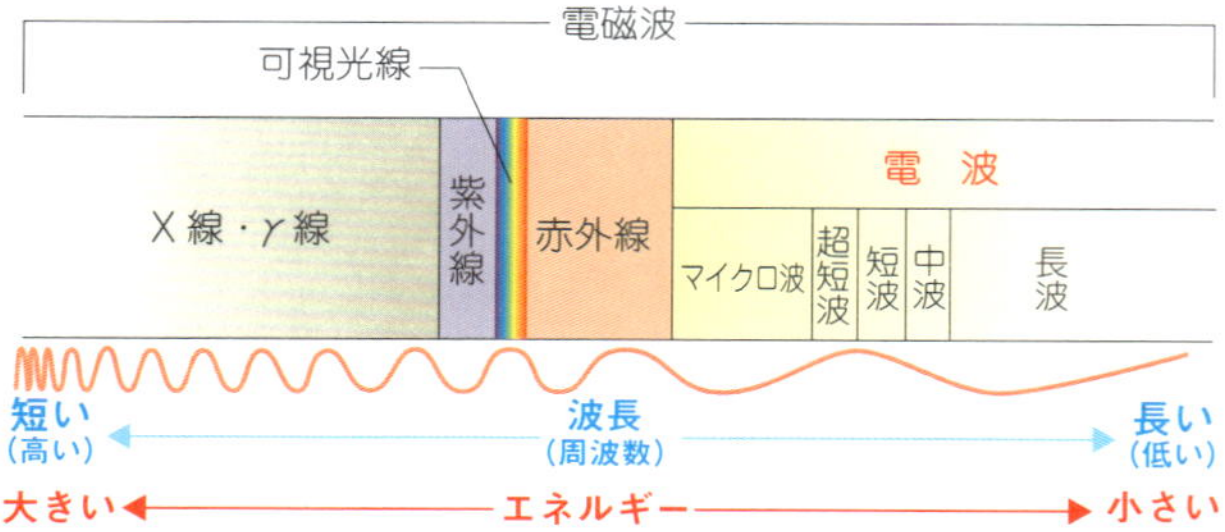

電波は、じつは電磁波の一種で、波長（周波数）の違いによって、効果や用途が違う。レントゲンで使われるX線も電磁波だ。可視光線は人の目に見える電磁波で、いわゆる光。電波も波長の長短で用途が違う。長波はビルや山を回り込んで遠くまで届き、雨の影響も受けにくい。短波は直進性があり、より多くの情報をのせることができる。

時代
1895年

場所
イタリア

発明者
マルコーニ

ポイント
無線通信によって、海上など電線が設置できない場所からや、移動しながらの通信が可能になった。

こう変わった！

現代の情報化社会をもたらした

マルコーニの無線電信機の発明によって、無線通信は実用化されました。**無線電信はすぐに軍事利用され、日本でも無線電信機の開発を開始。日露戦争では国産の無線電信機を活用して、日本海海戦の勝利につなげました。**初期の送信機で送ることができるのは短いパルス（非常に短い時間だけ流れる電流や電波）だけだったため、モールス符号が使われました。

そして電気信号を増幅できる真空管などが発明されたことで、電波を利用して音声を届けることが可能となりました。ラジオの誕生です。第一次世界大戦後には広く普及し、日本では１９２５年にラジオ放送が開始。受信機があれば最新のニュースに触れることができるようになりました。一説には、大正末年におきた関東大震災の時、無線通信がいち早く情報を伝えたことで、ラジオ局開局の機運が高まったといいます。

「新時代の幕開け」といわれたマルコーニの無線通信の発明は、20世紀の通信革命のきっかけとなりました。現代の情報化社会をもたらすことになったのです。

KEY PERSON

無線通信の父

グリエルモ・マルコーニ

マルコーニは当初母国イタリア政府に無線通信を売り込んだものの、相手にされなかった。その後、有線ではできない船の通信に目をつけ、イギリスで起業。結果的に莫大な富を得た。

【タイタニック号の乗客を救う！】

マルコーニは無線通信が船に活かせると考え、イギリスで起業。1912年のタイタニック号沈没事故では、多くの船が遭難信号を受け取り、700人以上も救うことができた。また、これをきっかけに無線機の装備が義務化され、無線通信は広く普及していくことになる。

電波を利用する技術はあらゆる分野に！

レジナルド・フェッセンデン
［1866～1932年］

1900年

無線通信に音声がのる！
無線電話（ラジオ）

ここが変わった

無線通信は初期にはモールス信号のみだった。電波に音声をのせることに成功したのはアメリカのフェッセンデン。1906年のクリスマスに無線電話で聖書の朗読などをした。これが世界初のラジオ放送といわれる。公共放送では、1920年アメリカ大統領選でのウォレン・ハーディングの当選速報が最初だった。

1930年代

電波の反射を利用！
レーダー

ここが変わった

この電波利用を提唱したのも無線通信の父マルコーニ。1930年代になるとイギリスやドイツ、日本などが軍事目的で敵艦を早期発見するために開発。雨雲レーダーなど気象予測にも活用される。

イギリス気象庁のレーダー。気象観測とデータ収集は各地の空軍基地で行われていた

1958年に総合電波塔として竣工した東京タワー

1936年

映像が電波にのる
テレビ放送

ここが変わった

テレビの発明は無線で映像を送信するもの。世界で初めて映像を映したのは日本の高柳健次郎だった。テレビカメラを発明して実用化したのはアメリカのツヴォルキン（→ p.152）だ。日本では1953年にNHKと日本テレビが開局している。

1993年

衛星通信の時代へ
GPS

ここが変わった

複数の衛星が出す電波を受信機が受け取って位置を特定する。アメリカが軍用に開発したものだが、1987年に民間に開放された。さらに全世界で無償で開放。1993年に正式にサービスを開始した。

1990年代後半

データ送信に欠かせない
ワイヤレスネットワーク

ここが変わった

パソコンやスマートフォンなど、インターネットに常時接続する端末が一挙に普及するのにあわせて、Wi-FiやBluetoothなどのあたらしい無線通信規格がうまれてきた。

エンジンの推進力で空を翔ける！

飛行機

なにが起きた？

飛行船よりも優れた乗り物

空の乗り物は先に飛行船が登場していましたが、空気より重い機体での動力飛行は研究の途上でした。ライト兄弟が有人での動力飛行を成功させたのは、1903年のことでした。

アメリカ人のライト兄弟は最初、自転車の製造、修理を行っていました。飛行機の開発を目指すようになった二人は、**鳥を観察して翼の動きを分析。プロペラやエンジンも自分たちでつくり、自転車の部品を利用した最初の飛行機「ライトフライヤー号」を完成させました**。飛行距離は260m、たった59秒間の飛行でしたがライト兄弟は操縦可能な飛行機の開発に成功したのです。

【世界初の飛行機パイロット】

ウィルバー・ライト
［1867～1912年］

オーヴィル・ライト
［1871～1948年］

子どもの頃から機械に興味を持っていたふたりは自転車店を営みながら飛行機づくりに挑戦。挑戦を始めて5年目の1903年、自転車のチェーンを利用してつくった「ライトフライヤー号」で飛行に成功。しかし、当時、世間は彼らの偉業を信用しなかった。

時代

1903年

場所

アメリカ

発明者

ライト兄弟

ポイント

古代からの夢、空を飛ぶことに成功したものの、軍事転用され、爆撃機による空襲が戦争を変える。

こう変わった！

空爆により戦争犠牲者が拡大した

ライト兄弟の偉業が世界に伝わると、飛行機は実用化に向けて急速に開発が進みました。初期は木と布張りの翼でしたが、１９２０年までにドイツでジュラルミンを用いた金属製飛行機がつくられるようになりました。

そして、飛行機の開発を加速させたのが第一次世界大戦です。**当初は偵察機として敵の陣地の確認に用いられましたが、空中戦のための戦闘機や、敵の上空で爆弾を落とす爆撃機が誕生。**飛行機は本格的に戦争に投入されるようになりました。

第二次世界大戦では飛行機での戦いが主力となり、より恐怖を与える空爆が戦略的に行われるようになります。その結果、戦闘員以外にも多くの犠牲者が出ることとなりました。歴史上初めて都市の無差別空襲が行われたのは１９３７年、ドイツ軍によって行われたスペインのゲルニカ爆撃でした。

ジェットエンジンが発明されると、飛行機はめざましい発展をとげました。用途に応じて旅客機、輸送機と発展していき、現在の空の旅が実現したのです。

KEY PERSON

飛行機の原理を発見した

二宮忠八《にのみやちゅうはち》

ライト兄弟よりも先に飛行機の原理を発見したと紹介されることもある日本人。1891年、模型でプロペラ飛行実験を成功させ、その後も有人飛行の研究に取り組むも、ライト兄弟の成功を知り、以降は研究を断念した。

【第一次世界大戦の空爆】

第一次世界大戦でドイツはツェッペリン飛行船を使ってイギリスを空爆したが効果がなく、飛行機による空爆に切り替える。ゴータ爆撃機による空襲はロンドンを含め20回以上に及んだ。爆撃対象国は市民に多くの死者を出し、恐怖感を味わった。飛行機の軍事的価値はこれにより高まり、戦争そのものを大きく変えることになる。

ゴータ機による爆撃の様子を描いた当時のイラスト

飛行機 の進化

「高く、速く、遠く」を目標に技術が磨かれた

1783年

初の有人飛行は熱気球！

初めて空を飛んだのはフランスのモンゴルフィエ兄弟。初期の実験では犬を乗せ高度460m、約8分間滞空し、無事に着陸した。この実験はヴェルサイユ宮殿で、マリー・アントワネットも見守ったという。

Before

1903年

人類初の動力飛行 ライトフライヤー号

ここが変わった

ライト兄弟が自作したエンジンと2つのプロペラ、着陸用のそり。なによりも操縦設備がついていたことが画期的であった。

1920年

機体すべてが金属でできたユンカース F.13

ここが変わった

機体の全面がアルミニウム合金（ジュラルミン）でできた旅客機。これにより「軽くて安全」という課題がクリアされた。ドイツのユンカース社で開発。乗客数は4名。

1939年

史上初のターボジェット推進機ハインケル He 178

ここが変わった

ドイツのハインケル社が開発した世界初のターボジェット推進機。ジェットエンジンにより長距離航行が可能になり、飛躍的に航空技術が発達していくことになる。

1969年

空の旅をあたりまえにした大型旅客機ボーイング747（通称ジャンボジェット）

ここが変わった

アメリカのボーイング社が開発・製造していた大型ジェット旅客機。半世紀以上にわたって愛された。「ジャンボジェット」の愛称で呼ばれる。従来機の2倍以上の座席数を誇り、航空旅行を大衆化させた。

New

2016年

太陽電池で世界一周ソーラー・インパルス

化石燃料を一切使わず、世界一周を成し遂げた。環境保全と経済成長が両立することを実証するための取り組みとして行われた。

第一次世界大戦のさなかに登場した新兵器

戦車

時代

1916年

場所

イギリス

発明者

イギリス海軍

ポイント

塹壕（銃撃を避けるために自陣に掘る穴）による戦線こう着を打破するために開発。

なにが起きた？

不整地の移動が可能になった

戦車は、第一次世界大戦のさなかにイギリスで考案されました。第一次大戦が始まると戦地では幾重にも塹壕が築かれ、ドイツ軍と英仏連合軍とがにらみ合うこう着状態となりました。

この状況を打ち破るため、当時イギリスの海軍大臣だったウィンストン・チャーチルは戦車の開発を進めます。戦車のアイデアは以前からありましたが、**ウィリアム・トリトンは実用に耐えうる兵器としての開発を目指し、試行錯誤を重ねて車輌に無限軌道（キャタピラ）をつけた戦車が誕生しました。**戦車は戦場に投入されると、不整地の移動を可能にしただけでなく、近代戦の形態を一変させることになります。

戦車の登場が戦争を変えた

塹壕戦で戦線がこう着

機関銃（マシンガン）が発明されたことで、塹壕をつくって迎え撃つ戦術が生まれる（塹壕戦）。これによって歩兵は敵陣に近づくことができなくなり、戦線はこう着状態に陥る。

西部戦線で行われた塹壕戦

世界初の戦車が投入

初めて実戦投入された戦車は砲塔を備えていなかった。歩兵の盾となって前進し、塹壕を突破することを目的とした。しかし、まだこの頃は不備が多く実用的ではなかった。

イギリス海軍が開発したマークI

こう変わった！

第一次世界大戦の主力兵器となった

戦車が初めて使用されたのは、第一次大戦の最大の会戦といわれるソンムの戦い（1916年）。まだ機械的な問題を抱え、乗員も不慣れだったため、歩兵隊の前を進む戦車はわずか数台だけでした。しかし、巨大な鋼鉄の箱が突き進む姿は、敵軍に大きな衝撃を与えました。戦車が初めて戦場に現れると、その姿を見たドイツ軍兵士は一目散に逃げ出したといいます。戦車は、塹壕戦のこう着状態の打破に大いに貢献しました。

初期の戦車は故障も多くありましたが、改良を重ね量産体制が整うと、その真価を発揮。**歩兵の進撃を妨げていた塹壕や鉄条網を踏みつぶして敵陣を突破する戦車は、陸上戦闘での主力兵器となりました。**

戦車が成功したカギは、無限軌道（キャタピラ）にありました。車輪ではなく、鋼鉄の板をつなぎ合わせた環を回転させることで、自ら舗装した道路の上を安定して進むことができたのです。現在では、がれきなどがある災害現場で高い走行性能を発揮し、災害救助の現場でも活躍しています。

初の戦車戦で実力を証明

1918年、イギリスの改良機マークⅣとドイツのA7Vによる初の戦車戦。マークⅣがドイツの塹壕を突破して戦術の有効性を証明。大戦終結後、多くの国が戦車開発に力を入れる。

第二次世界大戦勃発

戦車による新しい戦術

航空機の支援とともに戦車の機動力で縦深突撃する戦術「電撃戦」をナチ党・ドイツがあみだす。1940年、ドイツはフランスに侵攻、一気に制圧し、パリを占拠する。

フランスに侵攻するドイツ戦車

マメ知識

無限軌道の代名詞

キャタピラとは？

無限軌道は18世紀後半には発案されていたというが実用化されたのは20世紀以降だ。1904年にはアメリカの重機などをてがけるホルト社（現キャタピラー社）が初めて無限軌道を使用したトラクターを商品化した。この商標が「キャタピラー」だったため、日本では「カタピラ」「キャタピラ」などの呼び方で定着した。なお、もとは「芋虫」を意味する言葉だった。

世界の人口を急増させた大発明

窒素肥料

時代

1913年

場所

ドイツ

発明者

ハーバー

ポイント

食糧の増産が可能になり、世界の人口増に貢献。しかし、発明者は毒ガス開発に関与することになる。

なにが起きた？

世界の食糧難を解決させる肥料のつくり方

産業革命後、世界人口は急増しました。そのため、19世紀末に深刻な食糧難に陥ることが予想されました。この問題に取り組んだのが、ユダヤ系ドイツ人の化学者フリッツ・ハーバーです。

ハーバーは空気中の窒素と水素から、食糧生産に必要な肥料の原料となるアンモニアの合成に成功。**アンモニアの大量製造（工業化）が可能になり、その製造方法（ハーバー・ボッシュ法）は「空気からパンをつくった」と称賛されました。**窒素肥料の発明で農作物の増産が可能となり、ハーバーは世界貢献したのです。

ところが第一次世界大戦が勃発し、愛国心の強かったハーバーは兵器開発に携わるようになります。

【化学兵器の父】

フリッツ・ハーバー
［1868～1934年］

ハーバー・ボッシュ法によって、ハーバーは1918年にノーベル化学賞を受賞している（共同開発者のボッシュは1931年に実用化で受賞）。しかし、第一次世界大戦で何万人もの人を毒ガスにさらしたことで、特に連合国側の科学者からは非難の声があがった。同じ化学者であった妻は夫の研究に抗議して命を絶っている。

こう変わった！

第一次世界大戦が長期化した

ハーバー・ボッシュ法は、爆薬の原料となる硝酸の大量生産をも可能にしました。これにより**ドイツは硝石の輸入に頼ることなく、火薬製造を自国内でまかなえるようになりました。**ハーバー・ボッシュ法がなければ、第一次大戦の終結は数年早まったといいます。

さらにハーバーは毒ガス兵器の開発に手を染めます。すでに催涙弾が使用されていましたが、ハーバーが開発を進めたのは毒性が強い塩素ガス。ドイツ軍は第一次大戦勃発の翌年、致死性の高い大量殺傷用の毒ガスを世界で初めて使用しました。ドイツ軍側から這うように向かってきた白煙は、塹壕の中にいた兵士たちに襲いかかり、毒ガスによって約5000人が亡くなったとされます。毒ガス開発に反対していた妻クララは、毒ガス使用の報を聞いて自ら命を絶ちました。

連合国側も化学兵器で応酬し、第一次大戦の毒ガスによる死者は10万人にも及びました。毒ガスは非人道的兵器として国際的に使用を禁止されましたが、その脅威は今も、完全になくなっていません。

マメ知識

もはや人類に欠かせない!?

窒素肥料の登場以降

窒素肥料（化学肥料）は、その後の世界を大きく変えた。第二次世界大戦後、窒素肥料の生産量と消費量は爆発的に増加。それに伴い世界人口も増加している。これは作物の生産が増加し、その余剰が家畜の飼料にまわせるようになり、家畜の生産も増えたためだ。今なおこの構造は変わっておらず、世界の食糧事情は今後も化学肥料抜きでは成り立たないだろう。

ナチ党政府が利用した殺虫剤

ユダヤ人であるハーバーは、ドイツがヒトラー政権になると追放される。そして、皮肉にも彼が開発した殺虫剤「ツィクロンB」はユダヤ人などの大量虐殺に使用されてしまう（画像はアウシュヴィッツ第一強制収容所。100万人以上が命を失っている）。

人類が宇宙へ飛び立つきっかけに

ロケット

時代
1926年

場所
アメリカ

発明者
ゴダード

ポイント
大気圏外でも燃料を燃やして推進力を得ることに成功。一方、ミサイル兵器への転用が脅威に。

なにが起きた？

人類が初めて大気圏外に到達

ロケットは燃料を燃焼させて膨張するガスをつくり、このガスを放出することで推進力を得ます。ロケット技術の歴史は古く、最初のロケットは11～13世紀頃の中国で兵器（火箭《かせん》）として用いられたといいます。20世紀に入るとロケット技術に突如、革新が起こります。

世界大戦の合間の1926年、アメリカ人技術者ロバート・ゴダードが世界で初めて液体燃料ロケットの打ち上げに成功。**液体燃料は酸化剤という化学物質と混合することで地球の大気圏外でも燃やすことができ、より大きな出力を得ることができました。**ロケットが真空内でも飛べることを証明し、大気圏外への飛行と宇宙探査の扉を開いたのです。

ロケット開発の歴史

誕生

1926年 液体燃料ロケットを発明
アメリカ人のロバート・ゴダードが液体燃料を使った打ち上げに成功した。

軍事利用（ミサイル）

1942年 ロケットミサイルを発明
ナチ党ドイツがフォン・ブラウンに開発させたA4を兵器として転用したものが世界初の弾道ミサイルV2だ。最大射程320㎞。第二次世界大戦末期に使われ、ロンドンで2700人以上の死者を出している。

フォン・ブラウン
［1912～1977年］

1957年 人工衛星打ち上げ
ソ連が人類初の人工衛星スプートニク1号の打ち上げに成功。

宇宙開発・研究が可能になった

一方でゴダードの発明は、第二次世界大戦で使用される新型の強力な軍事用ロケットにつながっていきました。ナチ党ドイツはロケット開発を推進。フォン・ブラウンが改良したV2ロケットは世界初の誘導ミサイルとして恐ろしい戦争兵器になるとともに、宇宙に達した最初の人工物体となりました。

冷戦時代になると、ソ連とアメリカの間で強力な弾道ミサイル開発競争が勃発。この技術を用いて、1957年に最初の人工衛星「スプートニク1号」がソ連から打ち上げられました。ソ連は1961年、人類を乗せた宇宙船を打ち上げ、人類初の有人宇宙飛行を成功させます。一方、アメリカは非力なロケットが障害となっていましたが、史上最大のサターンVロケットの開発によって人類初となる月面着陸を成功させました。

こう変わった！

宇宙へ物を運ぶことを可能にしたロケットの進歩は、宇宙開発競争の時代をもたらしました。しかしその開発の歴史は軍事とも密接な関係にあり、大陸間弾道ミサイルなどが人類の脅威となっています。

宇宙開発時代へ

1961年 有人宇宙飛行に成功
ソ連のボストーク1号（ガガーリンが搭乗）

1969年 有人月面着陸に成功
アメリカのアポロ11号（アームストロング船長他）

衛星とミサイルの軌道の違い

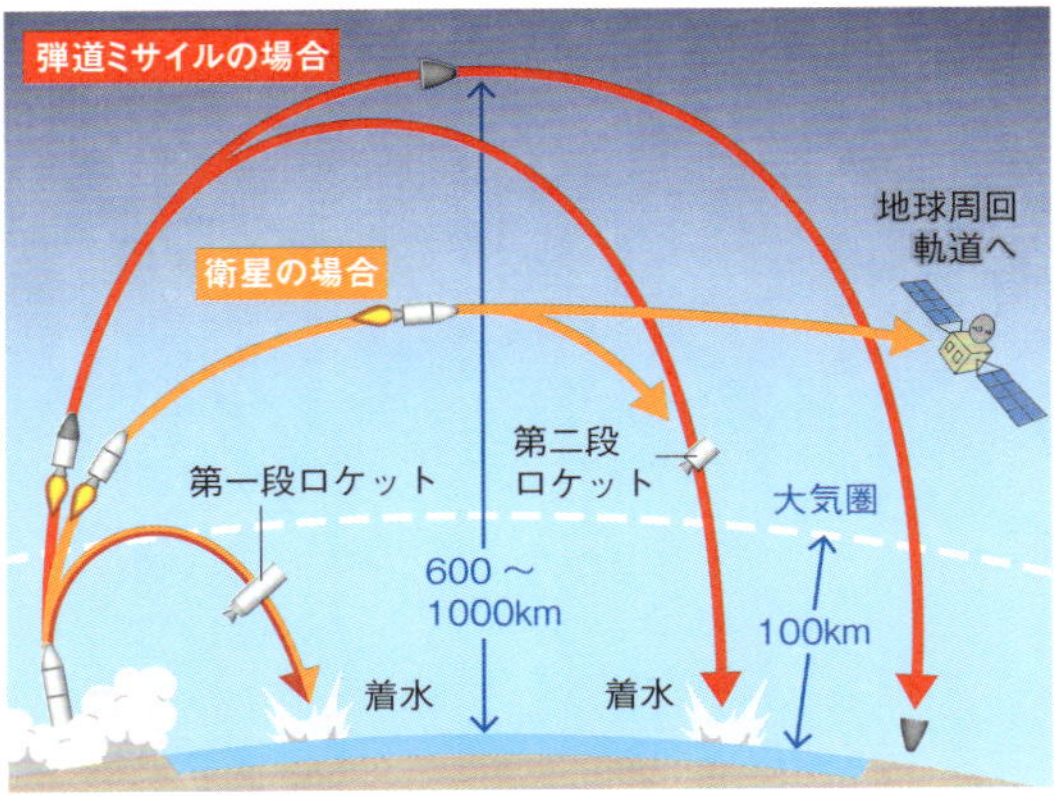

打上げロケットの基本構造はほぼ同じだが、ミサイルは大気圏外まで出た後で放物線を描いて地上に落下する。人工衛星は必要な高度まで到達したら水平軌道をとり、そのまま地球周回軌道に入る。

テレビ

家の中で楽しめるエンターテインメント

時代
1931年

場所
アメリカ

発明者
ツヴォルキン

ポイント
戦後瞬く間に普及し、ニュース、エンタメ、スポーツを家で見る新しい文化をつくった。

なにが起きた？

映像が送受信できるようになった

20世紀最大のメディアといわれるテレビ。映像を電気信号に変え、電波に乗せて送受信するテレビの発明は、技術者が競い合いながら改良を重ねたものです。

最初の重要な一歩となるブラウン管が発明された後、**1926年に高柳健次郎が世界で初めてブラウン管を用いた電子式テレビの実験に成功。**しかし、テレビカメラが遅れていたため、実用にはいたりませんでした。また、同年に八木秀次によって発明された「八木アンテナ」は、テレビの普及に一役買うことになります。

テレビ開発競争の結果、アメリカのツヴォルキンがテレビカメラの重要な部品を発明し、映像を鮮明に映し出すテレビが登場しました。

テレビ放送の歴史

テレビの発明

1926年 テレビ受像機を開発
日本の高柳健次郎がブラウン管を使ったテレビ受像機の開発に成功する。

1931年 実用的テレビカメラを発明
アメリカのツヴォルキンが撮影装置「アイコノスコープ」を発明。精細な画像が再現できるようになった（テレビの発明）。

試験放送

1936年 史上初放送
ナチ党ドイツがベルリン・オリンピックで史上初のテレビ中継の試験放送を行う。大ベルリン地域25カ所に視聴室をつくり、毎日3回放送された。

こう変わった！

茶の間の娯楽が生まれた

世界で初めて定期テレビ放送を開始したのは、イギリスの放送局ＢＢＣでした。１９３６年のことです。日本では戦後、１９５３年に白黒テレビが登場し、ＮＨＫがテレビ放送を開始しました。１９６４年に開催された**東京オリンピックでは、打ち上げたばかりの衛星を利用して生中継。世界初の「テレビオリンピック」といわれました。オリンピックの熱狂は、カラーテレビが家庭に広く普及するきっかけにもなりました。**

１９７０年代には一家に1台のカラーテレビがあたりまえの時代に。ニュースやドラマ、お笑いなど多種多様な番組が放送され、茶の間で家族がそろってテレビを楽しむ光景がなじみ深いものとなりました。テレビは茶の間に娯楽を提供するとともに、文化の一翼を担うようになったのです。

現在ではデジタル放送となり、ブラウン管から液晶、高画質へと進化し続けています。また、従来の放送だけでなく、ネットに接続してパソコンのように動画や配信コンテンツを楽しむことができます。

テレビ放送黎明期

1936年 最初の定期放送
イギリスのBBC（公共放送）が、定期テレビ放送を開始。

1953年 日本初のテレビ局が開局
日本では2月にNHKが開局。3月には「のど自慢」を放送。紅白歌合戦も開局当時から放送している。8月には日本テレビが開局。当時の主な番組は大相撲、プロ野球といったスポーツ中継だった。

1960年 日本でカラー放送が始まる
最初のカラー制作番組はNHKのドラマ「ママと私たち」だった。

テレビの普及

1963年 日米で衛星放送実験
日米で衛星中継の実験が開始。最初の中継はケネディ大統領暗殺の悲報だった。

1964年 世界テレビ中継
東京オリンピックで初の世界テレビ中継。

2011年 アナログ放送が終了
全国でデジタル放送へと切り替わった。

人類を感染症から救う大発見
ペニシリン

時代
1928年

場所
イギリス

発明者
フレミング

ポイント
菌感染症に有効な抗生物質が発見され、不治の病といわれた肺炎や破傷風が治療できるようになった。

なにが起きた？

菌感染症の治療が可能になった

人類は長きにわたり、感染症と戦ってきました。感染症とは、ウイルスや細菌などの病原体が体内に入り、様々な不調を引き起こす病気のことです。**感染症の治療に大きな革命をもたらしたのが、世界で初めて発見された抗生物質（細菌などの微生物の成長を阻害する物質のこと）である「ペニシリン」です。**

ペニシリンは1928年、イギリスの細菌学者アレクサンダー・フレミングによって発見されました。フレミングは第一次世界大戦で傷ついた兵士の治療にあたり、傷口から入った細菌によって兵士が死んでいく現場に直面。戦後、細菌の研究に没頭して、ついに感染症の治療を可能にするペニシリンを発見したのです。

【戦場で最も怖いのは感染症】

戦場では戦死者よりも傷口から感染症にかかるなどの戦病死者の数のほうが多かった……

破傷風

敗血症

ガス壊疽

1939年 **第二次世界大戦勃発**

1940年　フローリーとチェインがペニシリンの精製・大量生産を可能にする。

米英はペニシリン研究を国家機密に指定

量産工程の開発を行ったのはアメリカのファイザー社

こう変わった！

不治の病が減った

ペニシリンの発見は、実験の失敗から生まれました。実験に使う細菌を培養したところ、アオカビが発生。しかし、よく見るとアオカビの周囲だけ細菌が繁殖していませんでした。こうして、アオカビから細菌を殺す物質ペニシリンが発見されたのです。この発見は、医学の歴史上、一番重要な発見ともいわれます。

しかし、ペニシリンが治療薬として開発されるまで12年もの歳月がかかりました。アオカビからペニシリンを抽出することは困難とされていましたが、ハワード・フローリーとエルンスト・チェインがペニシリンの大量生産に成功。**ペニシリンは当時、どんな薬でも治せなかった肺炎や破傷風などの感染症を治し、多くの命を救いました。**「奇跡の薬」と呼ばれたペニシリンは、不治の病とされた病気を減らすことに成功したのです。

しかし人類が新たな抗菌薬をいくら開発しても、細菌は新しい薬剤に対し次から次へと耐性を獲得し、薬が効かなくなってしまいます。今も多くの抗生物質の開発が行われ、耐性菌との戦いは続いています。

KEY PERSON

失敗は成功の元!?

アレクサンダー・フレミング

ペニシリンはフレミングが培養器を放置したままアオカビを混入させたことで発見されたが、他にもうっかりシャーレにくしゃみをしてしまい、リゾチームという物質（酵素）を偶然発見している。

1944年、ノルマンディー上陸作戦で連合軍は大量のペニシリンを用意することができた。これにより病死者が劇的に減る!

大量生産、大量消費の象徴
プラスチック

時代
1907年

場所
アメリカ

発明者
ベークランド

ポイント
プラスチックは、その利便性からあらゆる用途に使われるようになる。大量消費社会の象徴になった。

なにが起きた？

戦時下の金属不足を解消した

レジ袋やペットボトルなどプラスチック製品は身の回りにあふれています。プラスチックは石油などを原料にしてつくられる合成樹脂のことで、様々な種類があります。初めて商品化されたプラスチックは「セルロイド」と呼ばれる象牙の代替品でしたが、さらに汎用的に利用することが可能な「フェノール樹脂」が１９０７年、アメリカのベークランドによって実用化されたことで、工業製品などに広く利用され、一気に広まります。そして、**第二次世界大戦によってプラスチックは大量生産されることになります。戦争中は多くの国で軍事徴用（国が物資を民間から徴収すること）が行われ、金属類が不足していたためです。**

【主なプラスチックと用途】

ポリプロピレン	包装フィルム、電気部品、キャップ、ペットボトルのラベルなど
ポリエチレン	レジ袋、ラップ、建築用シート、断熱材、ペットボトルのキャップなど
ナイロン	ストッキング、インナーウェア、カーテン、釣り糸、ギターの弦など
ポリエステル	衣類、スポーツウェア、ペットボトル、テント、シーツなど
塩化ビニル	合成皮革、工業用ホース、農業用ビニールハウス、長靴、消しゴムなど
ポリスチレン	発泡スチロール梱包材、カップ麺容器、食品トレーなど
ABS樹脂	パソコン・プリンター・テレビ・洗濯機・冷蔵庫などの外装、プラモデルのパーツなど

※主な製品を記載していますが、別のプラスチック素材が使われている場合もあります。

こう変わった！

大量消費社会が生み出された

プラスチックは金属の代用として日用品にまで利用されるようになりました。ポリエステル、ナイロン、ポリウレタンなどよく耳にする素材はすべてプラスチック（合成樹脂）です。安価で大量に生産でき、利便性が高く、大戦終結後には社会にあっという間に広がりました。発泡スチロール、フィルム、容器、洋服など、プラスチック製品はあげればきりがありません。

プラスチックによって大量生産が可能になった結果、人類は「大量消費社会」に突入しました。日本では１９５０年頃です。**レジ袋、プラスチック製の食器はすべて使い捨て。人々は買い替えることを前提に消費することがあたりまえになりました。**１９５０年には約１５０万トンだった世界のプラスチック生産量は、２０２２年には４００倍になっています。

しかし、プラスチックが環境に与える負荷、特に海洋投棄が社会問題となり、世界各国ではSDGsの「海の豊かさを守ろう」という目標のもと、プラスチック削減に取り組むようになりました。

マメ知識

今さら変えられない？

素材で名前がついた物

日本では、プラスチックの素材で名前がついたものがいくつかある。アニメを描くシート状の画材「セル画」は、セルロイドからきている。発火するおそれがあり、現在は別の素材が使われているが、名前だけは残った。また、ビニール袋やビニール傘も塩化ビニルという素材名からきている。こちらも別のプラスチック素材が使われていても、ビニールと呼ばれ続けている。

【プラスチック生産量とごみ問題】

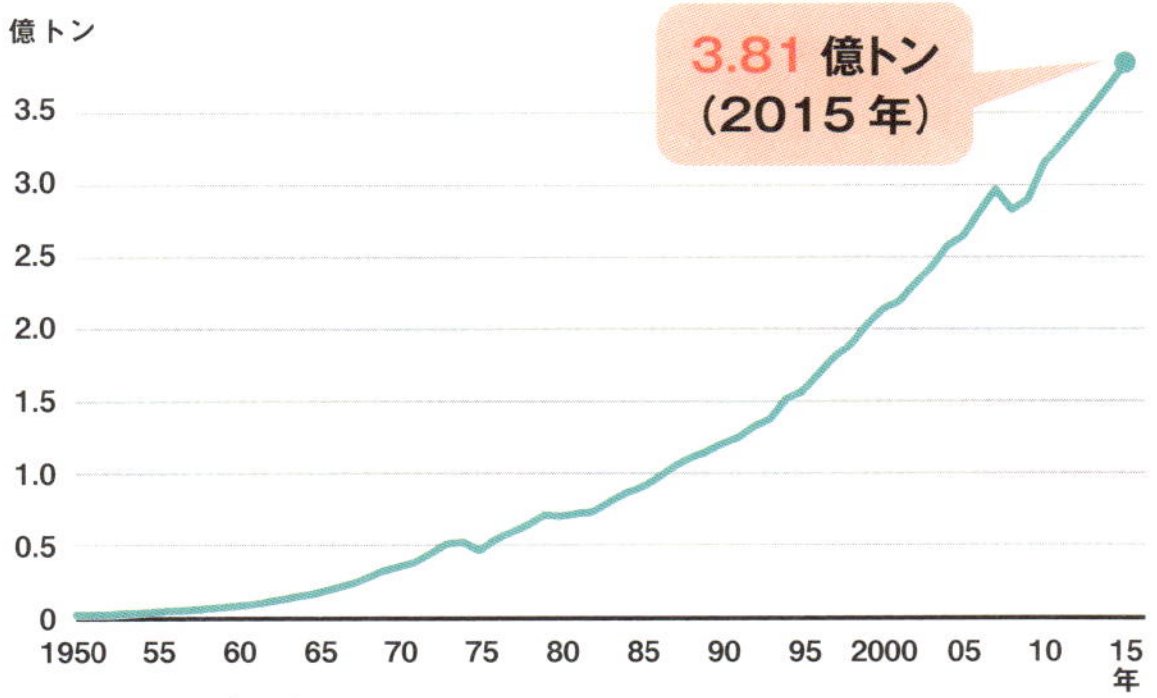

出所 :Geyer et al.（2017）

1950年に約150万トンだった世界のプラスチック生産量は2015年の時点で約4億トンになっている。累計の生産量は83億トンを超え、そのうち63億トンがごみとして廃棄されている。ごみとして回収されたプラスチックの79％が埋め立て処理、または海へ投棄されている。

プラスチックの進化

衣類から工業部品まで時代とともに用途が広がる!

1870年

映画のフィルムにも使われたセルロイド

ジョン・ウェズリー・ハイアットが「セルロイド」を発明。当初、ビリヤードの球の素材である象牙の代替品だった。様々な製品に使われたが、燃えやすいという弱点があった。

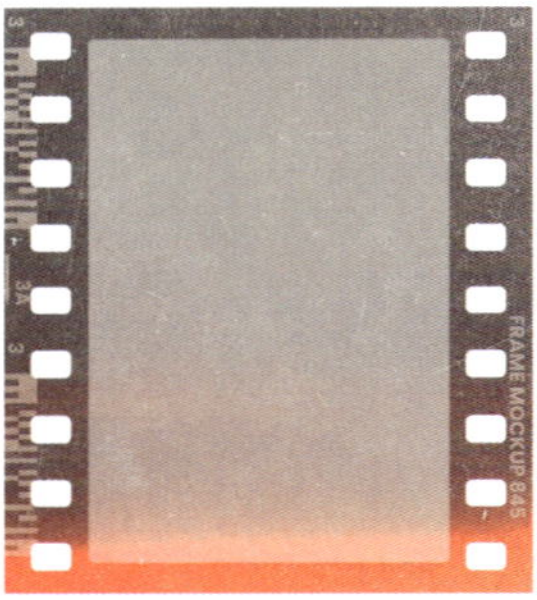

Before

熱に強いので鍋やフライパンの取っ手に使われている

1907年

初の完全な人工樹脂フェノール樹脂

ここが変わった

ベークランドが「フェノール樹脂」を工業化（発明は1872年）。植物以外の原料で初めてつくられた完全に人工の素材。工業用品に広く使われるようになる。

1930年代

汎用性の高いプラスチックポリスチレン

ここが変わった

無味無臭で食品包装容器などに向いている。発泡スチロールとして使われる（発明は1839年、ドイツのエドワード・シモン）。

※年代は実用化・工業化されるなど　一般に普及した頃の時期です。

1934年

水族館の水槽にも‼
アクリル

ここが変わった

「アクリル」が工業化。耐久性、透明性がすぐれている。代表的な製品例は眼鏡のレンズ、絵の具など。

1953年

ペットボトルの素材にも！
ポリエステル

ここが変わった

「ポリエステル」がイギリスで羊毛の代替品として開発。代表的な製品は衣類。伸縮性があり、ジャージなどスポーツ用品などでよく使われている。ペットボトルの素材であるポリエチレンテレフタレート（PET）もポリエステルの一種だ。

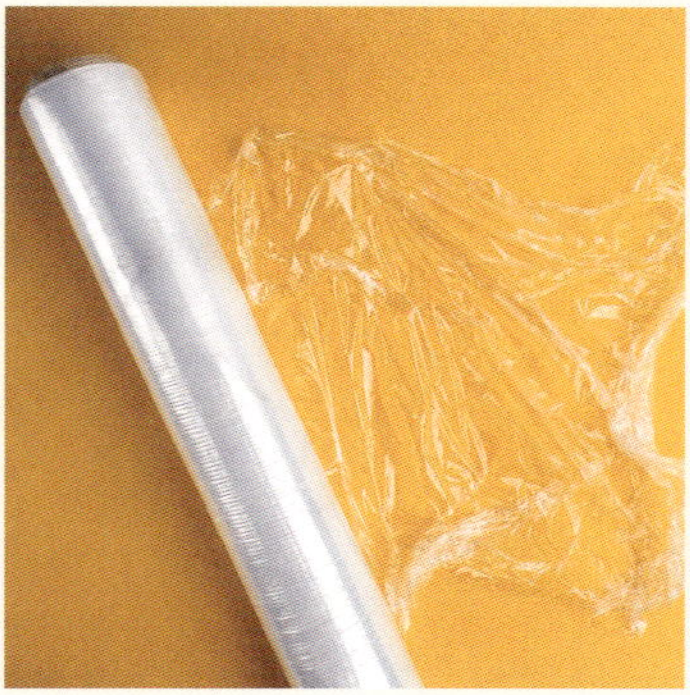

食品ラップフィルム

1953年～

一気にプラスチックが広がる
ポリエチレン

ここが変わった

「ポリエチレン」が安価に製造できる方法を発見。寒さに強く、水や油に強く変形しにくい。「ポリ袋」「ポリタンク」「食品ラップ」などが代表。

人類を滅ぼしかねない危険な発明
原子爆弾

なにが起きた？

莫大な破壊力を持つ兵器が誕生した

産業革命以来、人類はさまざまな原料と機械を使って動力エネルギーを生み出す努力をしてきました。**20世紀に入ると、アルベルト・アインシュタインらによって急速に原子物理学の研究が進められ、原子力開発の歴史が始まります。**

１９３８年にはドイツの化学者オットー・ハーンらが核分裂を発見。原子核を分裂させることで莫大なエネルギーを得ることができると推論されました。そして、そのエネルギーを利用することで、莫大な破壊力を持つ核兵器（原子爆弾）を製造することが可能となったのです。１９３９年に第二次世界大戦が勃発し、アメリカは極秘に原子爆弾（原爆）の開発を進めます。

追放された原爆の父

マンハッタン計画を指揮した
ロバート・オッペンハイマー
［1904～1967年］

アインシュタインらの提言により科学者を総動員して進められたマンハッタン計画の指揮をとったロバート・オッペンハイマーは「原爆の父」と呼ばれる。戦後は核が人類を滅ぼすと考え、水素爆弾開発に反対、核軍縮を訴えていた。しかし、これが問題視されて公職を追放されてしまう。

時代
1945年

場所
アメリカ

発明者
オッペンハイマー

ポイント
核兵器をつくることに成功したアメリカ。その後に待ち受けていたのはソ連との冷戦だった。

こう変わった！

米ソ冷戦を生み出した

アメリカは世界に先駆けて原爆をつくろうと、「マンハッタン計画」を推進。ロバート・オッペンハイマーが指揮をとり、初めて核実験が行われました。それから1カ月もたたない1945年8月、広島と長崎に人類初の原爆が投下。「新型爆弾」は広島と長崎の人々を襲い、年末までに約21万人が亡くなりました。戦後も放射線によって多くの人々が後遺症で苦しめられ、人類は原爆の恐ろしさを目のあたりにしたのです。

原爆投下の理由として、ポツダム宣言を受諾しない日本に対して早期に終戦させる目的があったといわれています。しかし一方で、アメリカは戦後のソ連との対立を見込んで、ソ連よりも先に原爆を使用して優位に立つ目的があったことも指摘されています。

戦後、ソ連が原爆実験に成功したことで核兵器開発競争は激化。米ソ両国は互いに大量の核兵器を保有しけん制し合う、冷戦時代に突入しました。核保有による抑止力に依存した安全保障（核の傘）は、冷戦が終結したのちでも危険をはらんでいるといえます。

【核保有国と保有数】

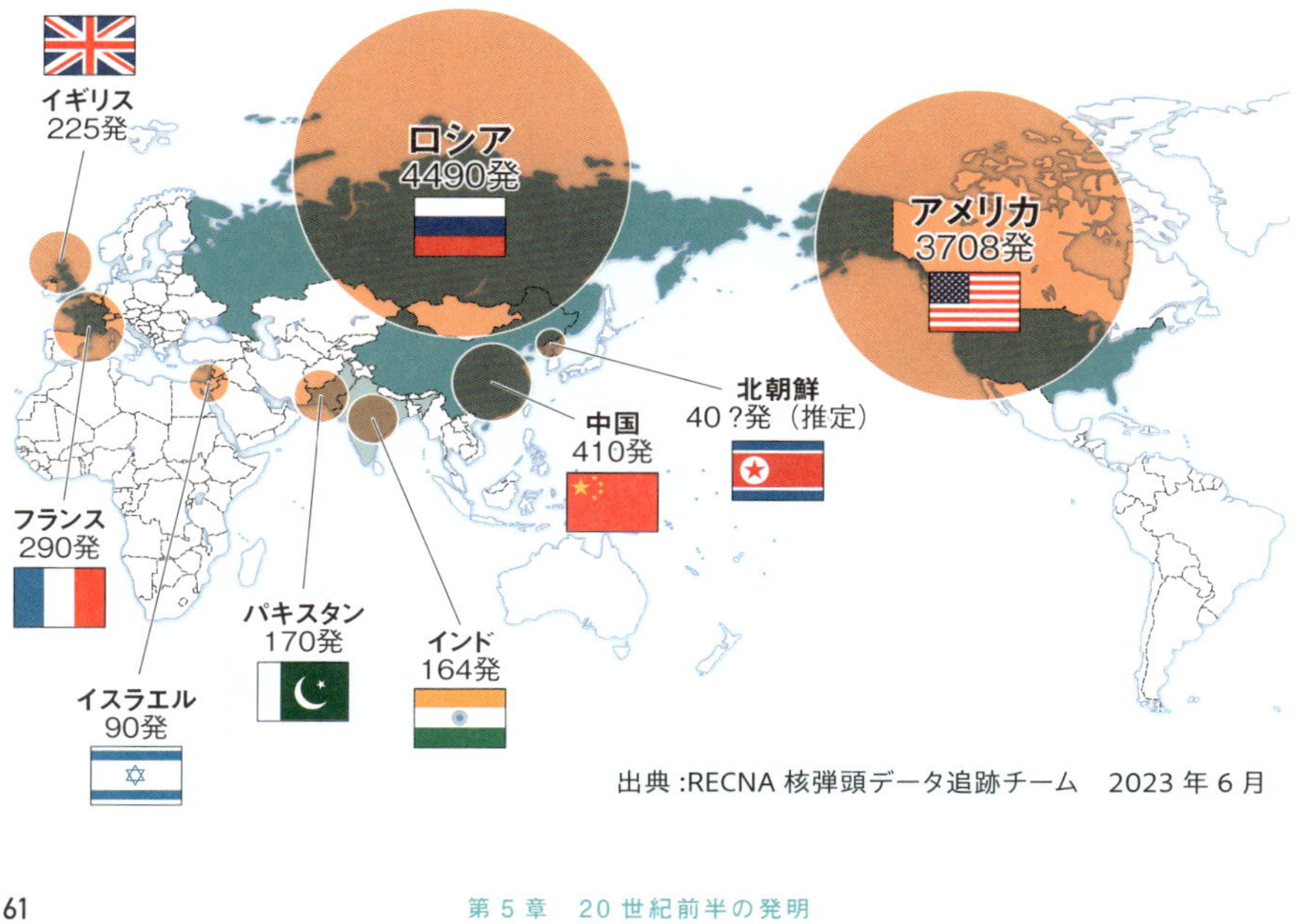
イギリス
225発
ロシア
4490発
アメリカ
3708発
北朝鮮
40？発（推定）
中国
410発
フランス
290発
パキスタン
170発
インド
164発
イスラエル
90発

出典：RECNA 核弾頭データ追跡チーム　2023年6月

発明
こぼれ話

「夢の物質」から一転 人類がつくり出した「負の発明」

発明の多くはこの世にないものをつくり出すことで、それだけに社会がどうなっていくのか予測できないこともある。特に化学物質については人体や環境への影響というものが発明当時はわからないものがある。

その代表はDDTだ。DDTは1939年、スイスのパウル･ヘルマン･ミュラーが強い殺虫効果があるのを発見したことで一気に広まった。マラリアや発疹チフスなどの伝染病を引き起こす蚊やシラミの駆除に使われ、第二次世界大戦前後に悪化した衛生問題を解決したため、「夢の物質」と呼ばれた。この功績によりミュラーはノーベル賞を受賞している。しかし、レイチェル・カーソンの著作『沈黙の春』でその危険性が指摘されると、各国で使用禁止となった。

もうひとつ、「夢の物質」と呼ばれたものに「フロン」がある。1928年の発明で、熱を奪う冷媒として、主に冷蔵庫に使われた。地球上に存在しない物質だが、人体に影響がなく、安価に製造できることから、現在も、エアコンなど、生活の中であたりまえのように使われている。ところが、この物質がオゾン層を破壊することが科学者から警告され、実際にオゾンホールが発見されると、世界的に削減する国際条約が結ばれた。

レイチェル・カーソン
［1907～1964年］

第二次大戦中、野戦病院でDDTを噴霧する米兵。いまだにDDTにとってかわる薬剤はないという。

第6章

20世紀後半以降の発明

インターネットやパソコンなどのITが登場。
情報処理とコミュニケーションに大革命が起きました。
高度情報社会は産業・ビジネスだけではなく、
個人のライフスタイルも一変させました。

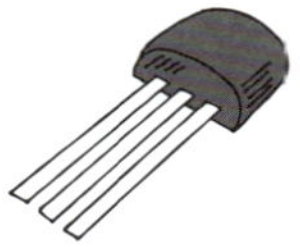

あらゆる電子機器に欠かせない部品

トランジスタ

時代
1948年

場所
アメリカ

発明者
ショックレー他

ポイント
トランジスタは電子機器に欠かせない基本要素。電子機器の小型化、高性能化、大量生産を可能にした。

なにが起きた？

電子機器の小型化を可能にした

トランジスタは、電気の流れをコントロールする部品（半導体素子）です。パソコンやスマートフォンなど、私たちの身の回りの電子機器に使われています。

トランジスタが登場する以前、ラジオやテレビには真空管が使われていました。しかし、真空管はサイズも消費電力も大きく、発熱が膨大で、壊れやすいという問題を抱えていました。ベル研究所のウィリアム・ショックレーらは、１９４７年、電気信号の増幅実験に成功し、翌年、より安定的に利用できるトランジスタを発明しました。半導体でできていて、**真空管に比べはるかに小型で消費電力も少ないトランジスタは、電子機器の小型化を可能にしました。**

【電子機器に欠かせないトランジスタ】

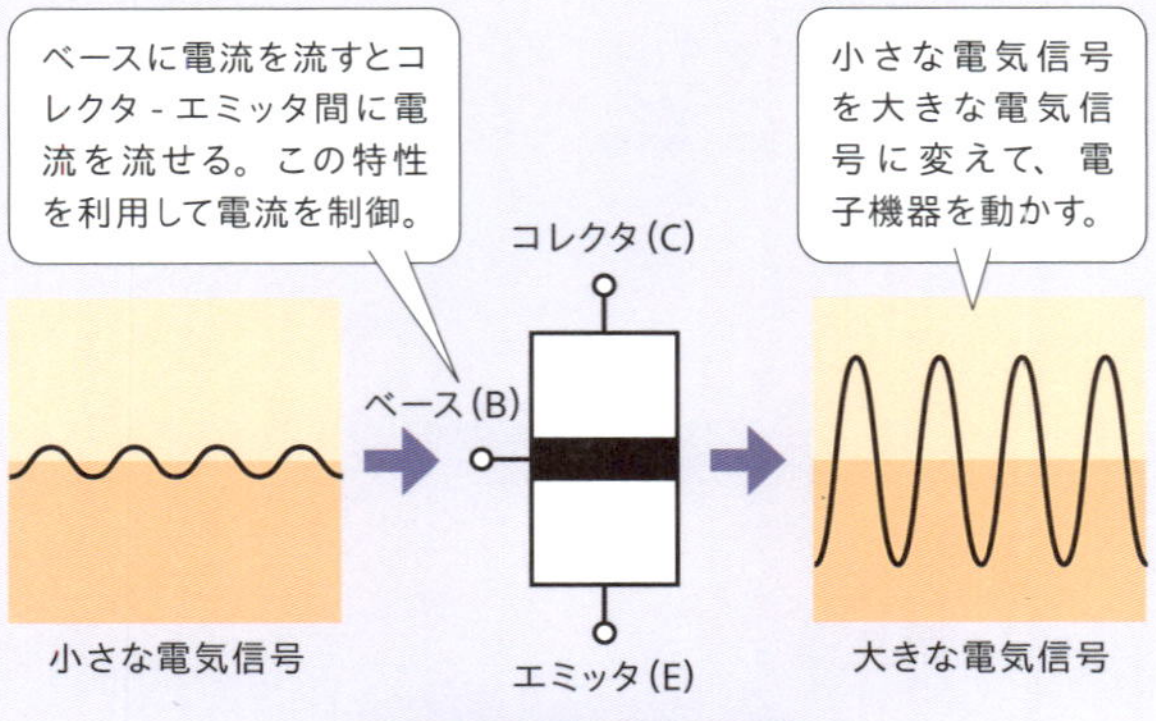
ベースに電流を流すとコレクタ - エミッタ間に電流を流せる。この特性を利用して電流を制御。
小さな電気信号を大きな電気信号に変えて、電子機器を動かす。
コレクタ(C)
ベース(B)
エミッタ(E)
小さな電気信号
大きな電気信号

トランジスタの役割

①小さな電気信号を大きくする ……………… 増幅機能
②電流を止めたり流したりする ……………… スイッチ機能

同じ役割を担っていた真空管の代わりに使われている

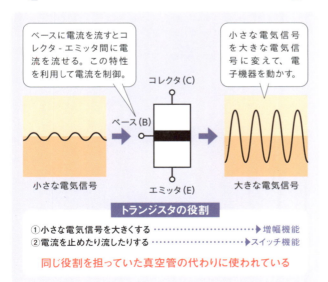

こう変わった！

エレクトロニクスに革命を起こした

トランジスタは、最初の頃は音声信号を増幅する回路として用いられました。1954年、アメリカでトランジスタを用いたラジオを発売。それまで大型家具のようだったラジオの小型化に成功し、ポケットに入るサイズになりました。

また、トランジスタ発明前の1946年、アメリカで真空管を利用したコンピュータ「ENIAC」が開発されましたが、建物が真空管でいっぱいになるほど大きく、使用電力も発熱も膨大でした。しかしトランジスタが発明されたことで飛躍的に改善。そして**トランジスタの発明は、今日の集積回路（IC）の発明につながり、**コンピュータは大きな成長を遂げていきます。

トランジスタの登場は、電子機器の小型化を成功させ、大量生産を可能にしました。**真空管を使ったものでは実現できなかった製品開発が進み、エレクトロニクス（電子工学）に革命を起こしたのです。**私たちの生活に欠かせない存在となったトランジスタは、20世紀最大の発明の一つともいわれています。

マメ知識

今はアジアが主流

半導体生産地

アメリカで発明された半導体の生産は現在、東アジアが中心となっている。2021年における地域別の半導体生産能力割合は、韓国が23%、台湾が21%、中国が16%と、日本も含めると東アジア地域が全体の7割を占めている。中でも韓国と台湾は、国の戦略産業として半導体産業が育成された。中国は少し出遅れたものの、近年は巨額の投資が行われ、半導体の中心地となりつつある。

【トランジスタが生んだ「集積回路」】

集積回路（IC）とは、トランジスタなどの電子部品を1枚の基板に集結させた小型の電子回路。コンピュータの頭脳であるCPU（中央演算処理装置）をはじめ、あらゆる電子機器に欠かせないものとなっている。

トランジスタなどの小さな電子部品を1枚の基板の上で組み合わせている。

真空管は複雑な電子回路を持つコンピュータなどのシステムを誕生させ、トランジスタはそのシステムの小型化に貢献した。「集積回路」は小さく、長持ちするトランジスタだからこそ実現できたのだ。

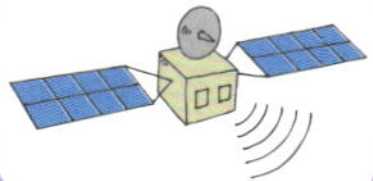

宇宙からの観測を可能にした 人工衛星

なにが起きた？

宇宙から地球を観測できるようになった

人工衛星とは、地球の周りを回る人工物体のことをいいます。世界初の人工衛星となったのは、1957年にソ連が打ち上げた「スプートニク1号」です。

　スプートニク1号は直径58cmの球体で、アンテナとバッテリーで動作する電波送信機を搭載していました。一定の間隔で宇宙から電波を出し、その電波の受信に成功すると、冷戦下の米国・西欧諸国に「スプートニク・ショック」をもたらしました。

　一方アメリカは、偵察衛星「コロナ」の打ち上げに成功。カメラを使って上空から地球に関する情報を収集する「リモートセンシング」技術を用いて、地球を観測できるようになりました。

時代

1957年

場所

旧ソ連

【人工衛星の種類と役割】

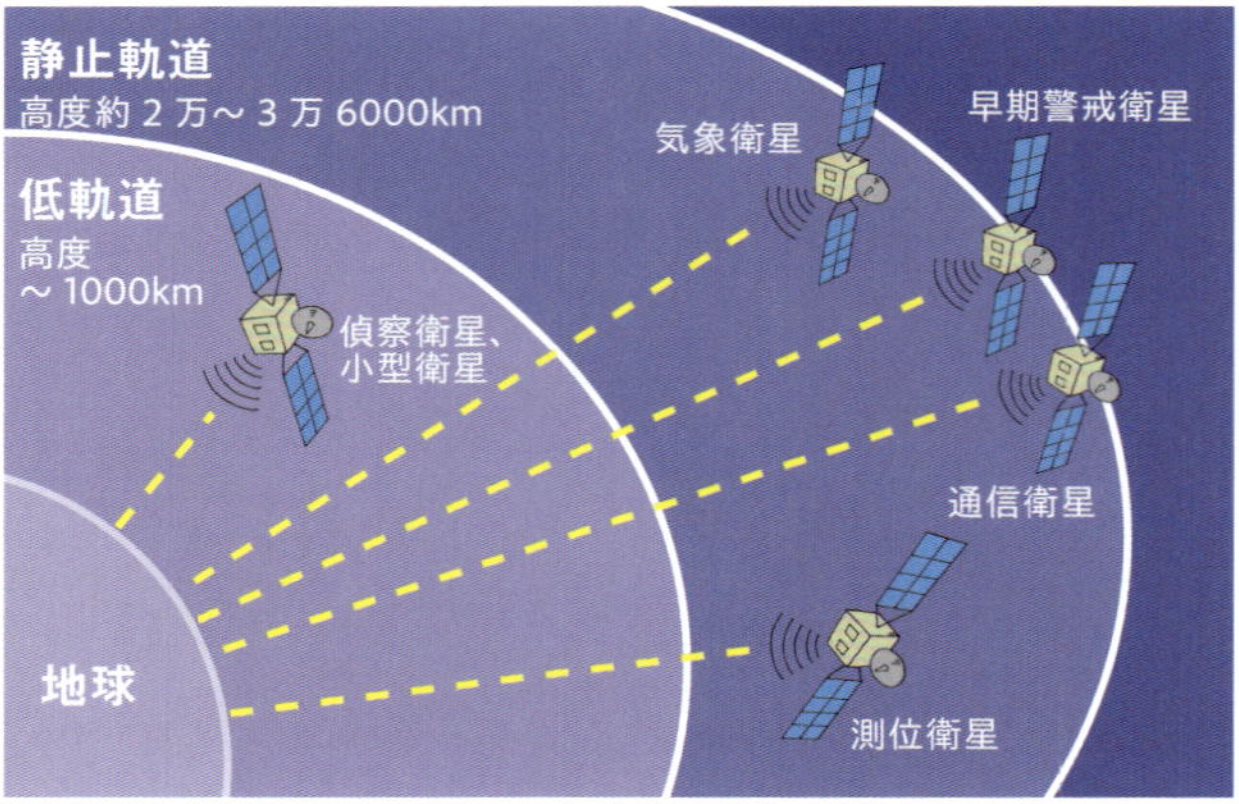

宇宙には、気象を観測する気象衛星、GPSなどの位置情報を提供する測位衛星、ミサイルなどを感知する早期警戒衛星などがある。近年はインターネット通信用の小型衛星が低軌道に数多く打ち上げられている。

ポイント

ソ連とアメリカを中心に宇宙開発競争が加速。その一方で、宇宙に関する条約や民間向けのサービスなどの開発が進んだ。

こう変わった！

宇宙開発と変化するライフスタイル

1950年代以降、人工衛星が次々と打ち上げられた背景には、アメリカとソ連が対立する冷戦がありました。スプートニク・ショックはソ連のロケット技術の高さを示すことになり、**互いの技術力と国家の威信をかけて宇宙開発競争が盛んに行われたのです。**

ところが宇宙空間の開発は、空域に関するルールが定められないまま米ソ両国によって進められていきました。そこで1966年、国連総会で宇宙条約を採択。特定の国家による領有を禁じ、すべての国が宇宙空間での探査を自由に行えることを定め、また、宇宙空間や天体上に大量破壊兵器を設置することを禁止しました。

一方、**軍事衛星技術は民間にも転用されていきました。**搭載しているセンサーなどで地球の気象を調べる気象衛星、インターネットなどを提供する通信衛星などが生まれました。宇宙探査の新たな時代を切り開いた人工衛星は、地球と広大な宇宙に関する新たな知識をもたらしてくれます。そして、私たちの日常生活にも多くの革新的な変化を起こしたのです。

【人工衛星を使った様々なサービス】

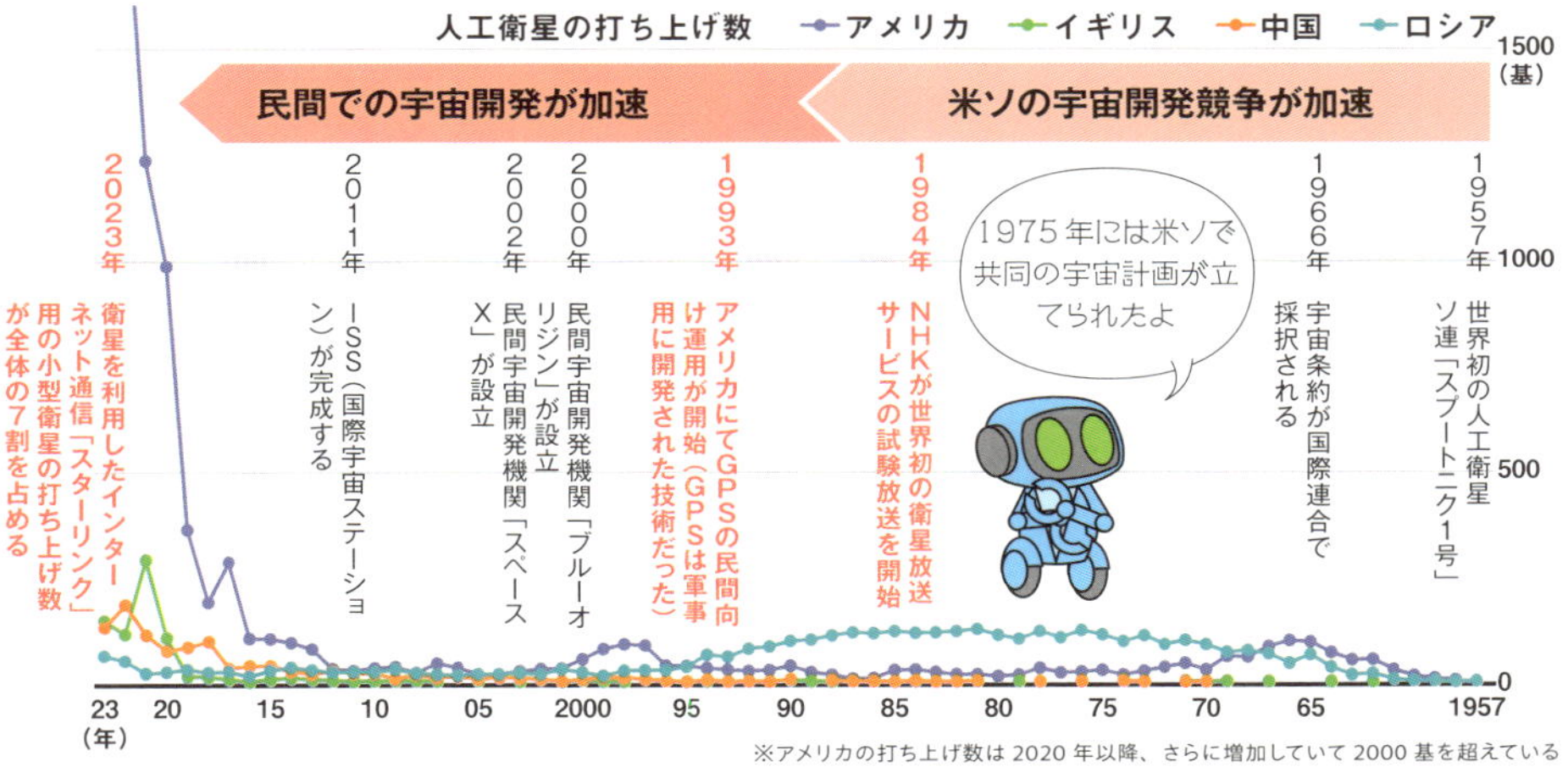

※アメリカの打ち上げ数は2020年以降、さらに増加していて2000基を超えている

スプートニク1号の打ち上げを皮切りに、ソ連とアメリカを中心に宇宙開発が加速。90年代からは民間向けのサービスが開始された。近年では、衛星を用いたインターネット通信サービス「スターリンク」がスペースX社により展開されている。

世界最大規模の娯楽産業に成長！

家庭用ゲーム機

時代
1972年

場所
アメリカ

発明者
ベア

ポイント
テレビゲームは新しい娯楽として一気に受け入れられ、巨大な産業へと発展していった。

なにが起きた？

家庭内にゲーム機が導入された

テレビゲームを家庭で楽しめるようになったのは、1972年のこと。アメリカのラルフ・ベアらによって世界初の家庭用ゲーム機「オデッセイ」が開発されました。**テレビ受像器の新しい楽しみ方として、ゲーム機を接続してテニスゲームなどを楽しむ**ことが可能になりました。その後、このゲームを参考にした家庭用ゲーム機「ホーム・ポン」がアメリカで大ヒット。世界初のテレビゲームブームを起こしました。

　家庭用ゲーム機は、テレビと、半導体技術を組み合わせることで実現可能となりました。最新技術の結晶が、最も新しい遊び道具の一つとして家庭に導入されたのです。

家庭用ゲーム機（据え置き型）の変遷

第1～2世代

ゲーム機黎明期

1975年 ホーム・ポン
1977年 Atari2600
1981年 カセットビジョン

オデッセイ
(Magnavox)
1972年発売。史上初の家庭用ゲーム機。コントローラーはボタンではなくパドル式だった。

第3～4世代

ファミコン登場！

1987年 PCエンジン
1988年 メガドライブ
1990年 スーパーファミコン NEOGEO

ファミリーコンピュータ
（任天堂）
1983年発売。「ロムカセット」を交換することでいろいろなゲームを遊ぶことができた。

こう変わった！

一人で時間をつぶせるようになる

日本でも1975年、日本初の家庭用ゲーム機「テレビテニス」が発売されました。一方、1978年にはアーケードゲーム「スペースインベーダー」が爆発的な人気を呼び、日本全国にゲームセンターが乱立しました。80年代に入ると技術の進歩により、ゲームのシステムやグラフィックが進化。そして現在につながる一大ムーブメントが起こります。任天堂の家庭用ゲーム機「ファミリーコンピュータ（ファミコン）」の登場です。1983年に発売されたファミコンは社会的な大ブームとなり、世界中で大人気に。ファミコン専用ソフト「スーパーマリオブラザーズ」が火付け役となり、ゲームはゲームセンターから家庭へと広がりました。任天堂は続いて、携帯型ゲーム機「ゲームボーイ」を発売。ゲームを持ち運べ、**外でも一人で遊ぶことができるという、まったく新しい発想は世界に革命を起こしたといえます。**その後は次世代機が次々と発売され、「ゲーム機戦争」に突入。ゲーム機は、ゲームの新しい楽しみ方を届けようと日々進化しています。

KEY PERSON

「スーパーマリオ」の生みの親

宮本《みやもと》 茂《しげる》

「マリオ」「ピクミン」「ゼルダの伝説」など、数々のヒットシリーズを生み出したことで知られる世界的に有名なゲームクリエイター。任天堂に入社した当時はデザイナーだったが、ソフトウェア開発に抜擢される。初めての作品は「ドンキーコング」。

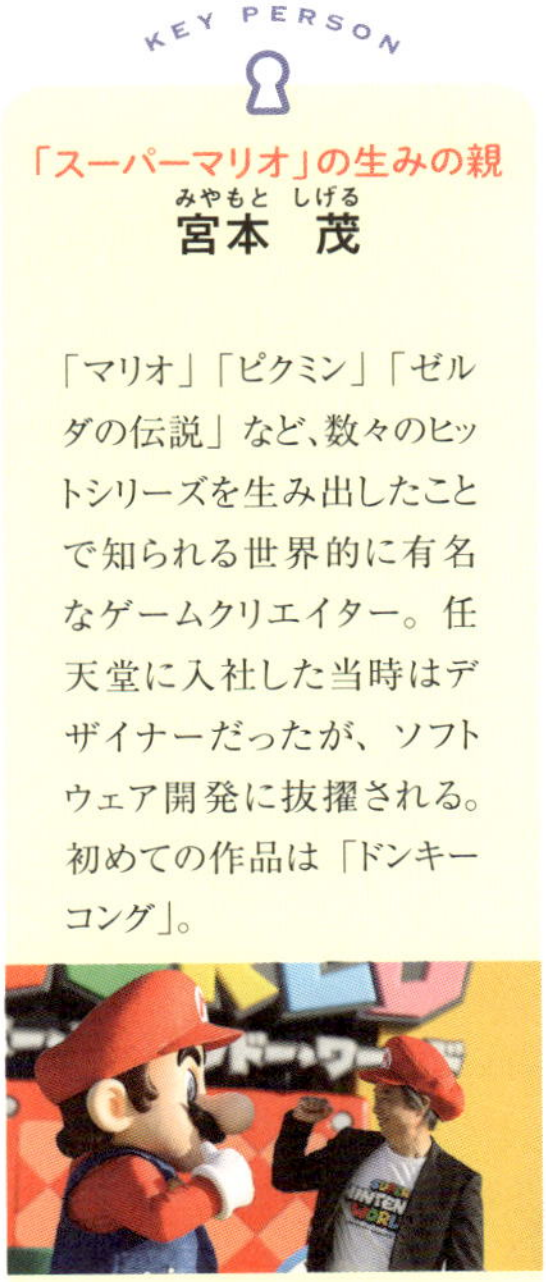

第5～6世代

ゲーム機戦争勃発！

1994年 プレイステーション
セガサターン
1996年 NINTENDO64
2001年 ゲームキューブ
Xbox

プレイステーション2
（ソニー）

2000年発売。新世代ハード戦争を制した「プレステ」は「2」が1億5000万台以上販売、世界最大のヒットとなる。

第7～9世代

ネットワークサービスの本格化

2005年 Xbox 360
2012年 Wii U
2020年 プレイステーション5

Nintendo Switch
（任天堂）

2017年発売。高性能化により差別化が難しくなった中で、携帯機と据え置き機を融合させたユニークな機体。

情報アクセスに革命を起こした インターネット

なにが起きた？

世界中の情報へのアクセスが可能に

現在では生活に欠かせないインターネット。その始まりはアメリカの国防総省から資金を得て、**1967年から研究が開始されたパケット通信ネットワーク「ARPAnet《アーパネット》」です。**現在でも使われているパケット通信は、安全に軍事利用ができる通信手段として考案したことがきっかけとされます。この新しい通信技術は、アメリカの四つの大学・研究機関を接続する形で運用を開始。初期は研究機関のデータの送受信にのみ活用されました。

しかし回線が高速・大容量化し、利用者が増加したことで大きく変化。**1990年代から商用利用も可能になり、あっという間に世界中に広がりました。**

【インターネットとライフスタイルの変化】

1969年
ARPAnetの運用が開始
アメリカにある四つの大学・研究機関をつなぐパケット通信式の回線
パケット通信とは、データを小包（パケット）のように小さく一定のサイズに分割して送受信する方法

1991年
イギリスの計算機科学者が「ハイパーテキスト」を公開

1995年
Windows 95が登場
パソコンからインターネットに簡単に接続できるようになる

知りたい情報をインターネットで調べられるようになった

1998年 Google
Google検索エンジンの登場

↓

ブログや個人サイトなど、インターネットを通じ、不特定多数の人々との情報交換が可能に！

日本で提供された回線サービス
ISDN回線（1988年）サービス開始
ADSL回線（1999年）サービス開始

時代
1991年

場所
イギリス

発明者
リー他

ポイント
アメリカで誕生したネットワークが発展し、現在のネットを通じて情報を交換する「ネット社会」となった。

こう変わった！

ネット社会が生まれた

インターネットを**爆発的に普及させた立役者が「ワールド・ワイド・ウェブ（WWW）」です。**WWWはインターネット上に存在するウェブページを結び付け、相互に接続することができる仕組みのことで、単にウェブとも呼ばれます。WWWを考案・開発したイギリスの計算機科学者ティム・バーナーズ・リーは、1991年、世界で最初のウェブサイトを公開。クリック一つで文書間を行き来できる「ハイパーテキスト」形式を使用しました。この技術を特許もとらず無料で公開したため、開発が飛躍的に進み、ウェブは誰もが自由に使えるようになりました。

日本でも携帯電話によるインターネットサービスが開始され、2000年には「IT革命」が流行語に。**インターネットを通じて情報をやり取りする「ネット社会」の到来を告げました。**さらに2010年代には、「GAFAM」[※1]と呼ばれるIT企業集団が台頭。世界中でインターネット上のプラットフォームを提供するGAFAMは、大きな影響力を持ち続けています。

※1 GAFAMはGoogle、Amazon、Facebook、Apple、Microsoftの略称
※2 Facebookは一般公開年を記載

1999年
定額ADSL接続サービスが登場
インターネットの常時接続が一般化する（ブロードバンド）

2005年
youtubeが登場
動画を使用して情報を発信できるサービスが広まる

世界中の人々との交流が可能に！

※2
2006年
Facebookの登場

2007年
iPhoneが登場

2007年
Netflixの登場
インターネットを通して音楽や映画を定額で楽しめるサービスが普及する

2010年
モバイル端末利用率がパソコン利用率を超える

どこでも誰でも、リアルタイムに情報の発信や受信ができるSNS（ソーシャル・ネットワーキング・サービス）が若者を中心に広まる！

ネットを通して娯楽を楽しめる時代に変化したよ！

FTTH（光ファイバー）回線（2001年）サービス開始

個人が情報処理を行える時代に
パソコン

なにが起きた？

処理能力が格段に飛躍し効率化

コンピュータ（電子計算機）は、元をたどると手動式、電気式の計算機械から始まりました。大きなターニングポイントとなったのが第二次世界大戦です。**最も効率的な弾道を計算したり、敵の暗号を解読したりするためにコンピュータを開発しました。**コンピュータの計算速度が、戦争の勝敗を左右したのです。

世界初の現代型コンピュータは、１９４６年にアメリカで誕生した「ＥＮＩＡＣ」といわれています。初期のものは倉庫１個分もの大きさで、研究者向けでした。**最初の個人用コンピュータ（パーソナル＝パーソナル・コンピュータ）は１９７４年にＭＩＴＳ社が開発した「Ａｌｔａｉｒ ８８００」だとされています。**

【急速な発展を遂げたパソコン】

パソコンとは、パーソナル・コンピュータの略であり、個人向けに開発されたコンピュータのこと。電子計算機として開発されたが、現在では多様な機能を持つ電子機器として私たちの生活を支えている。

1975年 Altair《アルテア》 8800
個人向けに販売された初期のコンピュータ。購入者が組み立て使用する仕組み。
（個人向けに販売されたコンピュータ。使用するには専門的な知識が必要だった。）

↓

1977年 Apple《アップル》 Ⅱ
個人向けに販売されたコンピュータ。完成品が販売され、初心者でも使用できる。
（組み立てを必要とせず、専門的な知識のない初心者でもすぐに使用できる。）

↓

1984年 Macintosh《マッキントッシュ》 128K
アップルの Mac シリーズの最初のモデル。マウスでの直感的な操作を可能にした設計。
（デスクトップとマウスの有用性を世間に知らしめた。）

時代
1975年

場所
アメリカ

発明者
MITS

ポイント
電子計算機として誕生したコンピュータは、やがてネットを通じて情報交換を行う要となった。

こう変わった！

情報化社会を迎える

本格的なパソコン革命を起こしたのは、1981年にIBMが最初に発売したパソコン。現在のパソコンの基本モデルとなりました。パソコンの頭脳であるCPUは8ビットから16ビット、さらに32ビットになり、高性能化。処理能力が向上し、オフィス業務の生産性向上などにパソコンの活用が重要となっていきました。

また、現在のマウスによる**ウィンドウ操作は、1973年にゼロックスのパロアルト研究所が開発した「Alto（アルト）」で初めて導入されました**。アルトの商品化は見送られましたが、のちにアップルがそのアイデアをMacintoshで商用化しました。

1990年代後半からはインターネットが普及。インターネット接続を可能にするパソコン用OS「Windows 95」は、一般家庭にパソコンが普及する起爆剤になりました。こうした**パソコンの普及は、仕事や、ゲームなどの遊び、通信のあり方に劇的な変化をもたらしました**。私たちは情報化社会を迎えることとなったのです。

KEY PERSON

パソコンの原理を設計した

ジョン・フォン・ノイマン

ハンガリー出身のユダヤ系ドイツ人の数学者。1930年にナチ党の迫害から逃れるため、アメリカに移住し、アメリカのマンハッタン計画（原子爆弾開発）やコンピュータの開発に携わった。その中でも、現在のほとんどのコンピュータの動作原理である「ノイマン型コンピュータ」と呼ばれる原理を設計。モークリーらとともにコンピュータの基礎を築いた功績者とされている。

【パソコンを一気に普及させたOS】

Windows 95は、誰でも簡単に、パソコンからインターネットにアクセスできるOSとして大ヒット。業務用、マニア向けといったイメージのあったパソコンを一般に普及させた。

OS：Operating System（オペレーティング・システム）の略。パソコンの操作やアプリケーションなどを使うために必要なソフトウェアのこと。

コンピュータの進化

仕事から娯楽まで なんでもできるデジタル機

19世紀

原始的なコンピュータ バベッジの解析機関（未完）

イギリスの数学者、チャールズ・バベッジが設計した蒸気機関で動く機械式のコンピュータ。実際にはつくられなかったが、コンピュータ・プログラムの考え方に大きな影響を与えた。

Before

1946年

戦争で弾道を計算したENIAC

ここが変わった

アメリカのペンシルベニア大学で電子式計算機として設計されたコンピュータ。約1万8000もの真空管を使用し、世界で初めて実用化されたコンピュータとされる。

1964年

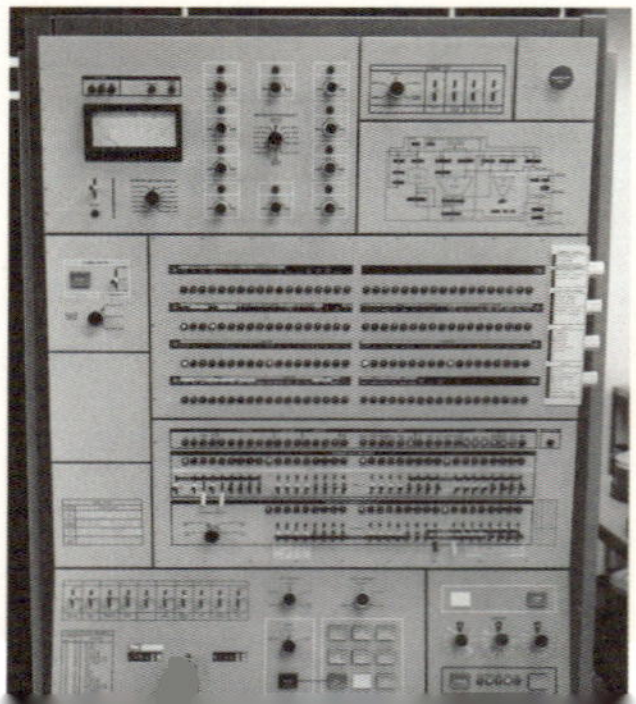

大成功を収めた民間用コンピュータ System/360

ここが変わった

会社や政府機関で使用された業務処理用のコンピュータシリーズ。商用として初のオペレーティング・システム（OS）が登場し、後世のコンピュータの設計に大きな影響を与えた。

1977年

初心者でも使用できるパソコン
Apple Ⅱ

ここが変わった

本体にキーボードとメインメモリーが搭載され、初心者でもすぐに使える初めての「完成品」としてのパソコン。アップルコンピュータ(現アップル)が発売し大ヒット。

2007年

携帯できる小さなパソコン
iPhone

ここが変わった

音楽の再生機能、インターネットへの接続機能、電話機能の3つを備え、タッチパネルで操作できる小型の電子機器。アップルにより発売され、世界的に大ヒットした。

New

2020年

高度な計算を可能にする
スーパーコンピュータ

日本が保有するスーパーコンピュータ「富岳」は1秒間に約44京回(京は1兆の1万倍)の計算が可能。世界のスーパーコンピュータの性能を競うランキングで2020年6月から4部門で4期連続首位を維持し続けた。

小さな端末で世界とつながる
スマートフォン

時代
2007年

場所
アメリカ

発明者
アップル

ポイント
スマートフォンの登場により、いつでもどこでも、ネットに接続し、人々のやりとりが可能になった。

なにが起きた？

個人がいつでもつながれるようになった

どこにいても誰とでもつながれる携帯端末。その通話を世界で初めて成功させたのは、1974年、アメリカの電気技師マーティン・クーパーです。彼が最初に与えられた任務は自動車電話の開発でした。ところが、車からしか電話できないのは不便だと携帯電話を開発。1983年、世界初の商用携帯電話機「DynaTAC 8000X」がモトローラから発売されました。

初期の携帯電話は非常に大きく、高価なものでした。それでも**屋外から音声通信ができることは世界に衝撃を与え、通信業界に革命を起こしました。**そして最新技術により、様々な機能を持ち合わせたスマートフォン（スマホ）へと進化していきます。

【多様な機能が一つの端末に】

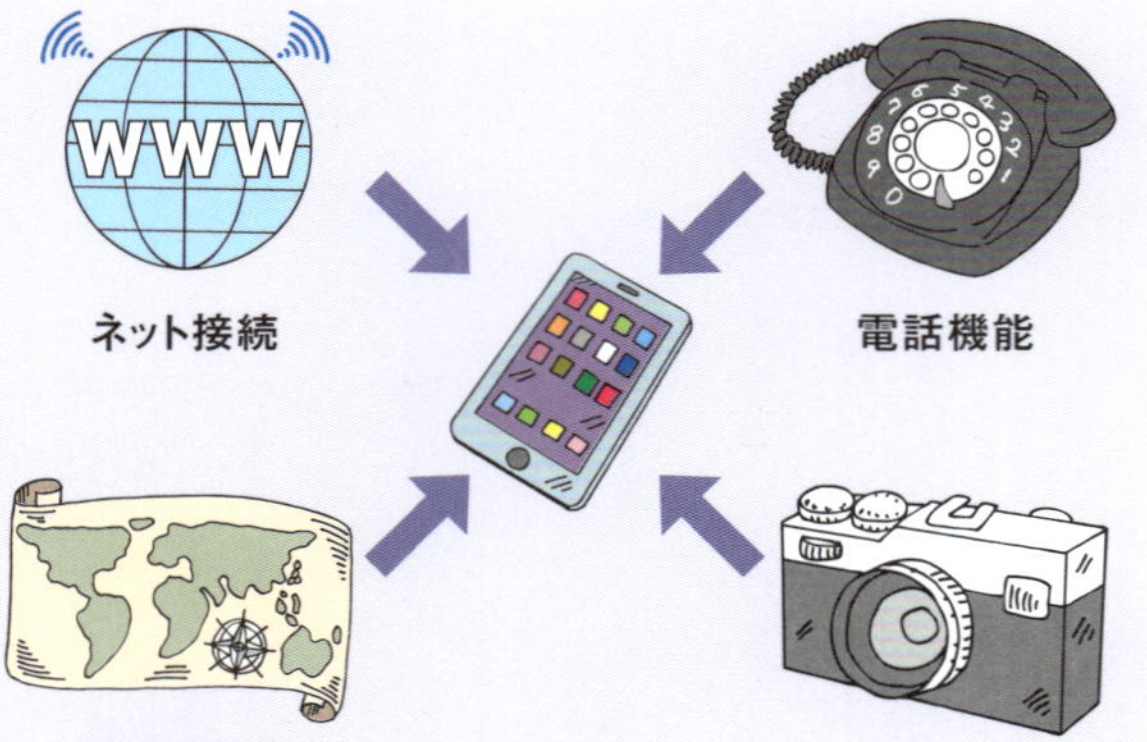

アップルが 2007 年に発表した「iPhone」は様々な機能を一つの端末に備えていた。この端末の登場により人々はいつでも、どこでも、インターネットにつながり、情報の受信、発信ができる情報社会へと変化した。

こう変わった！

世界の出来事をリアルタイムに共有

日本で携帯電話が急速に普及するのは、１９９０年代後半から。**携帯電話の小型化・低価格化が進んだことや、端末レンタル制から買い取り制に変わったことで利用者が急増。**携帯電話からインターネットにも接続できるようになり、リアルタイムの双方向コミュニケーションが一般化し始めました。

そして２０１０年代に入ると、スマホが急速に私たちの生活に浸透し始めます。電話機能に加え、手のひらサイズのコンピュータとして様々な機能を持つスマホは、アップルが２００７年に初代ｉＰｈｏｎｅを発売すると携帯電話業界を一変させました。ユーザーがアプリをインストールしてカスタマイズでき、スマホの普及に伴いＳＮＳを利用する人も。今やスマホは生活の中心となっています。

また、気軽に投稿でき、**情報をリアルタイムで共有できるＳＮＳは政治の場でも大きな役割を果たす**ことになりました。「アラブの春」を巻き起こすなど、小さな端末が現実社会へ大きな影響をもたらしています。

SNS を通して広まった「アラブの春」

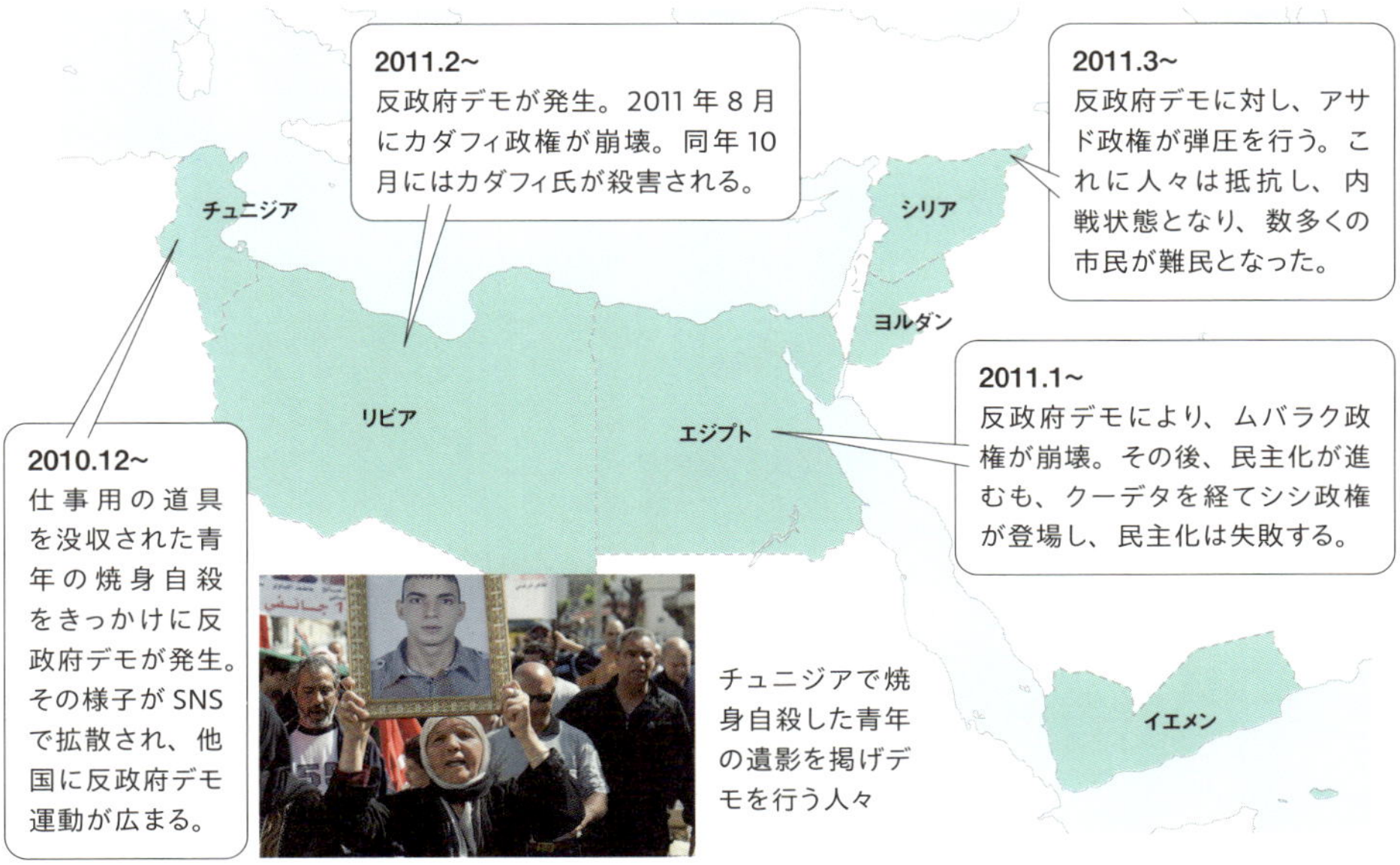
2011.2~
反政府デモが発生。2011 年 8 月にカダフィ政権が崩壊。同年 10 月にはカダフィ氏が殺害される。
2011.3~
反政府デモに対し、アサド政権が弾圧を行う。これに人々は抵抗し、内戦状態となり、数多くの市民が難民となった。
チュニジア
シリア
ヨルダン
2011.1~
反政府デモにより、ムバラク政権が崩壊。その後、民主化が進むも、クーデタを経てシシ政権が登場し、民主化は失敗する。
リビア
エジプト
2010.12~
仕事用の道具を没収された青年の焼身自殺をきっかけに反政府デモが発生。その様子が SNS で拡散され、他国に反政府デモ運動が広まる。
イエメン

チュニジアで焼身自殺した青年の遺影を掲げデモを行う人々

仮想世界をリアルに体験！

VRとは、「Virtual Reality（仮想現実）」の略語。専用のゴーグルを装着することで仮想世界を限りなくリアルに体感することができる。2010年以降に急速に認知されるようになり、主にゲームや音楽などエンタメのコンテンツを中心に普及している。

VR技術

テクノロジー！

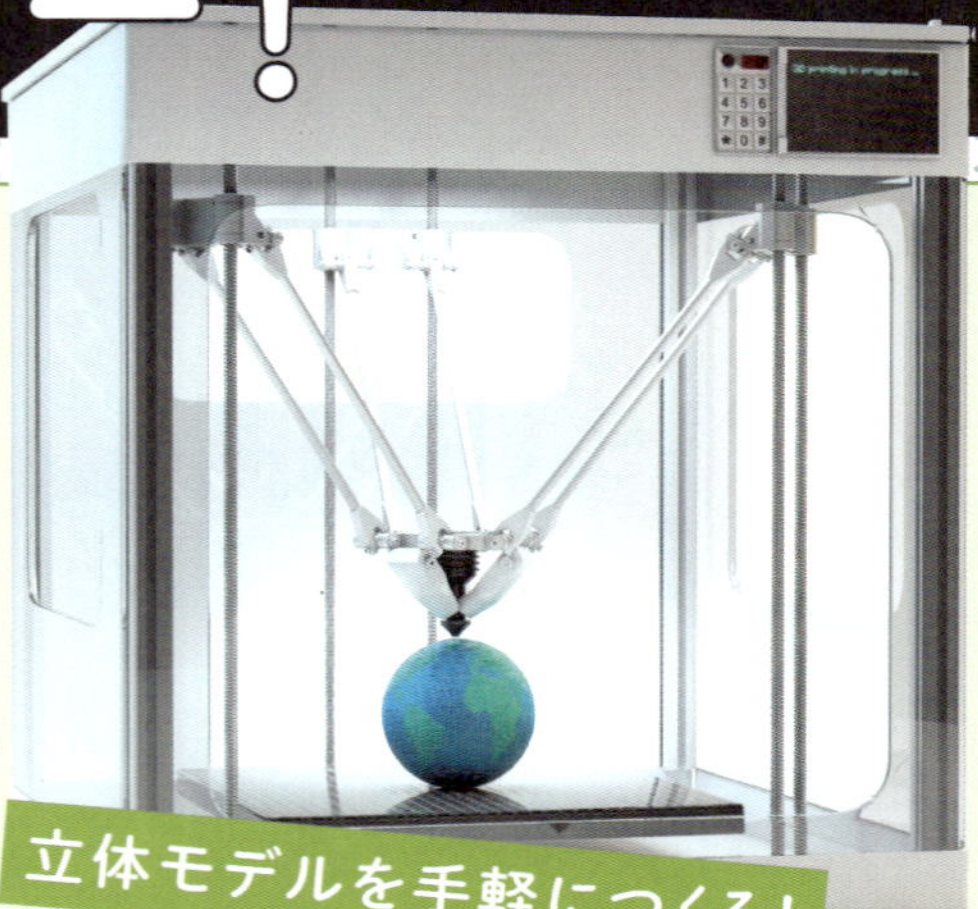

3Dプリンター

3D CADや3D CGなどのソフトウェアで作成した設計データをもとに、薄い層を1枚ずつ積み重ねることで立体モデルをつくれる装置。試作品の制作や、製造業における作業効率化のための治具制作など、幅広く活用されている。

立体モデルを手軽につくる！

AIとの会話が可能に！

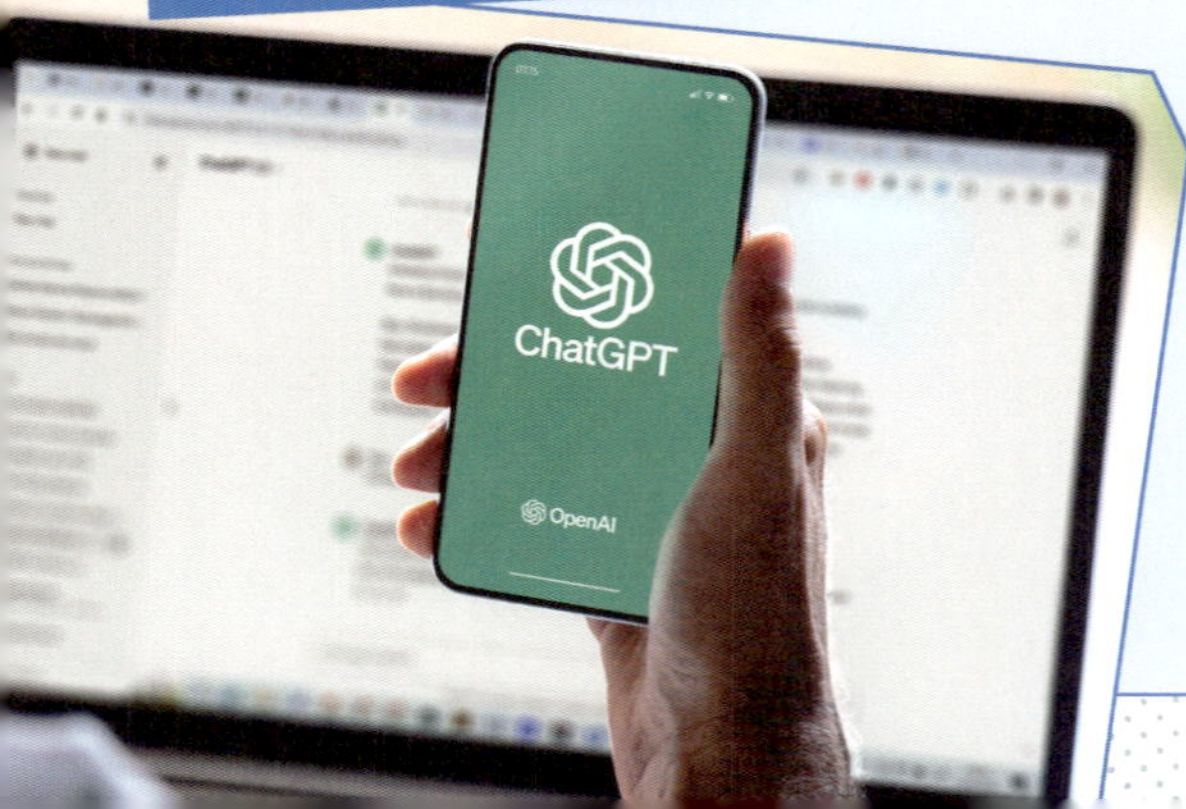

ChatGPT

アメリカの人工知能研究機関であるOpenAIによって開発された会話型AI（人工知能）サービス。ユーザーがテキストで質問すると、それに応じた回答が得られる。自然な会話はもちろん、翻訳や文章の要約、文章作成まで幅広く対応する高度な技術だ。

レベル２実証実験時の相鉄バス
提供：相鉄バス

自動運転車

目指すのはドライバーの操作や操縦要らずの車！

自動運転のレベルは、技術が一切搭載されていないレベル0から、完全自動運転を実現するレベル5までの6段階に分類される。現在は、自動運転の条件が限定的かつドライバーがいつでも運転に戻れることが前提のレベル3の段階が実用化されており、特定条件下で自動運転システムがすべての運転を行う、レベル4の普及が目指されている。

世界を変える 最新の

提供：GROOVE X

家族型ロボット

まるで家族の一員！

支援型ロボットと違い、コミュニケーションに特化した家族型ロボット。なかでもLOVOT［らぼっと］は、名前を呼ぶと近づいて見つめてくるなど、人に懐くのが特徴だ。一般家庭だけでなく、学校教育の現場や老人ホームなどでも活用されている。

ドローン

自律飛行や画像解析まで！

空撮に限らず、自律的な飛行や画像認識・解析機能なども行うAI搭載のドローンが発展している。農業では、農作物の状態を撮影・画像認識によって分析することで、農薬の調整や害虫駆除なども可能に。この他にも災害救助、配送などの様々な分野で活用されている。

即席麺

お湯をかけるだけですぐ食べられ、価格が手ごろで長期保存も可能な即席麺。1958年に発売された「チキンラーメン」は、敗戦後に一杯のラーメンを求めて闇市で長蛇の列をつくる人々の姿から、自宅で手軽に調理できるラーメンを提供したいという思いで開発された。

手軽でおいしい魔法のラーメン！

「チキンラーメン」の生みの親であり、日清食品の創業者である安藤百福

提供：日清食品ホールディングス株式会社

発明品！

「歌うこと」が世界の娯楽に！

カラオケ

カラオケの語源は、空っぽを意味する「空（から）」と「オーケストラ」である。1970年代に生まれたカラオケは、映像機能や選曲が指定できるリモコン、新曲がすぐに楽しめる通信カラオケの登場など、様々な発展を遂げてきた。現在も多くの人にとって代表的な娯楽のひとつである。

携帯音楽プレイヤー

いつ、どこにいても好きな時に音楽を聴くことができる機械の登場は、当時の若者たちのライフスタイルを大きく変えたと言っても過言ではない。大ヒットした「ウォークマン」は、発売から13年で出荷台数1億台を超えた。

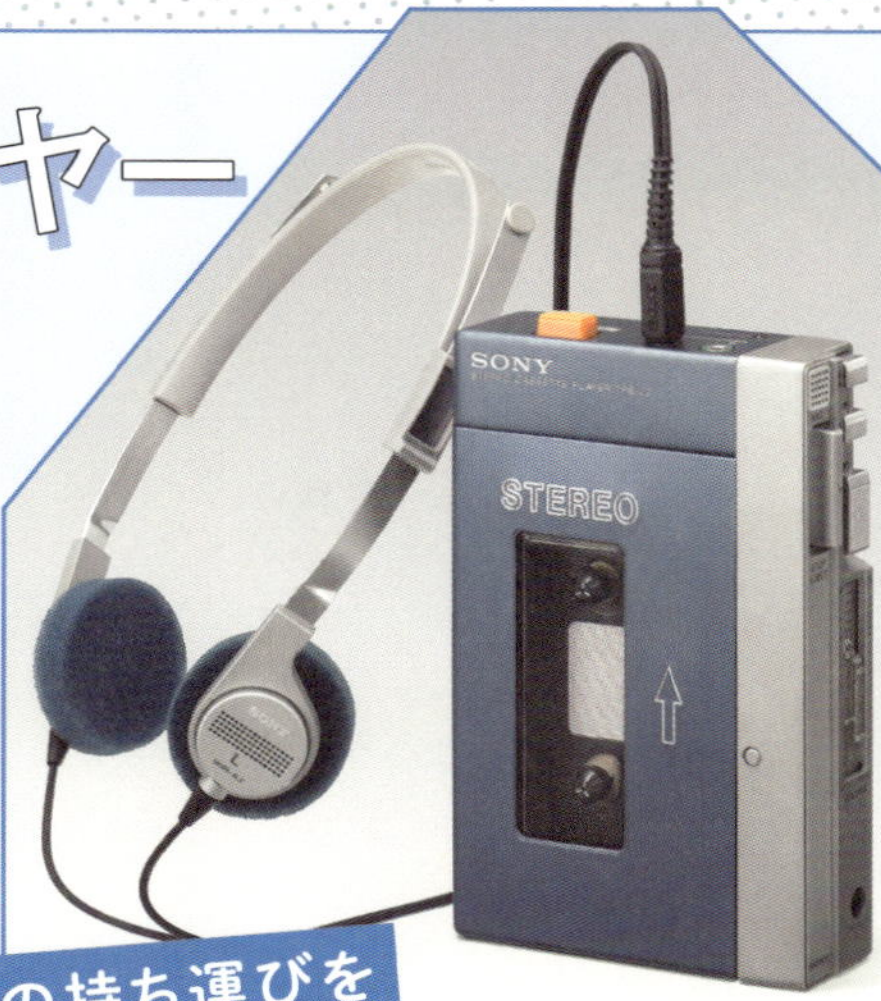

音楽の持ち運びを可能に！

1979年に発売されたソニーの「ウォークマン」
© ソニーグループ株式会社

世界を変えた 日本の

1994年に誕生した、小林製薬の「熱さまシート」
提供：小林製薬株式会社

発熱時の強い味方！

冷却ジェルシート

すぐ使えて、タオルのようにずり落ちない便利な冷却シート。ひんやりと気持ちがいいジェル素材は、刺身こんにゃくから着想を得ている。熱が出た際に限らず、暑さをしのぐ時など様々な場面で活用される。日本のみならず世界中で利用され、現在は年間約4億枚を販売する。

カーナビ

目的地までの道のりをサポートしてくれる便利な機能。衛星を使用したGPS（アメリカの衛星で位置を特定するシステム）で自動車の位置を特定することで、目的地への最適なルートが表示される。世界初のカーナビは1981年に本田技研工業から販売された。

ドライブの必需品！

缶コーヒー

持ち運べる飲み物の誕生！

1960年頃、コーヒーは基本的に喫茶店で飲まれており、それ以外にはコーヒー牛乳として瓶で提供され、飲み終わると瓶を店へ返却するシステムだった。しかし、いつでもどこでもコーヒーを楽しめるように開発されたのが、世界初の缶コーヒー「UCCミルクコーヒー」である。1970年の大阪万博で販売されると、爆発的に大ヒットした。

提供：UCC上島珈琲株式会社

うま味調味料

甘味、塩味、酸味、苦味と同じ基本味の一つ、「うま味」をきかせる世界初の調味料「味の素」。昆布だしから発見した成分を利用して開発。誕生は1909年と古く、100年以上経った今でも多くの家庭で親しまれている。

新しい味覚で食卓を変えた！

提供：味の素株式会社

カッターナイフ

ガラスの破片と板チョコから着想を得て誕生した折る刃式カッターナイフ。刃には折れ線が入っており、切れ味が悪くなったと感じたタイミングで折るとよいため、常に切れ味を保つことが可能になった。1959年に発売されたのが、オルファの折る刃式カッターナイフである。ブランド名は「折る刃」からオルファと名付けられた。

刃を折る！新しいナイフ

提供：オルファ株式会社

QRコード

今やチケット取得やサイト遷移など、様々な情報の取得に欠かせないQRコードは、1994年に自動車部品メーカーのデンソーによって開発された。スマホで手軽に素早く読み取れる上、従来のバーコードに比べて取得できる情報量が多いのも特徴だ。

情報を素早く読み取れる！

高速鉄道の先駆け!

新幹線

1964年に開業し「夢の超特急」と呼ばれた新幹線は、時速200kmを超える速さで営業運転を実現した世界初の鉄道である。当時約6時間半もかかっていた東京ー新大阪間の移動時間を約4時間、開業翌年には約3時間10分にまで大幅に短縮させた。現在の所要時間は最速で約2時間20分。

東海道新幹線開業の様子
(1964 年)

写真は東海道新幹線・
N700 系の車両

点字ブロック

1967年に岡山県の盲学校近くの歩道で初めて設置された。注意を示す点ブロックと、方向を示す線ブロックで構成されているのが特徴だ。道路との見分けがつきやすいように、黄色で着色されている。

視覚障害者の
歩行をサポート!

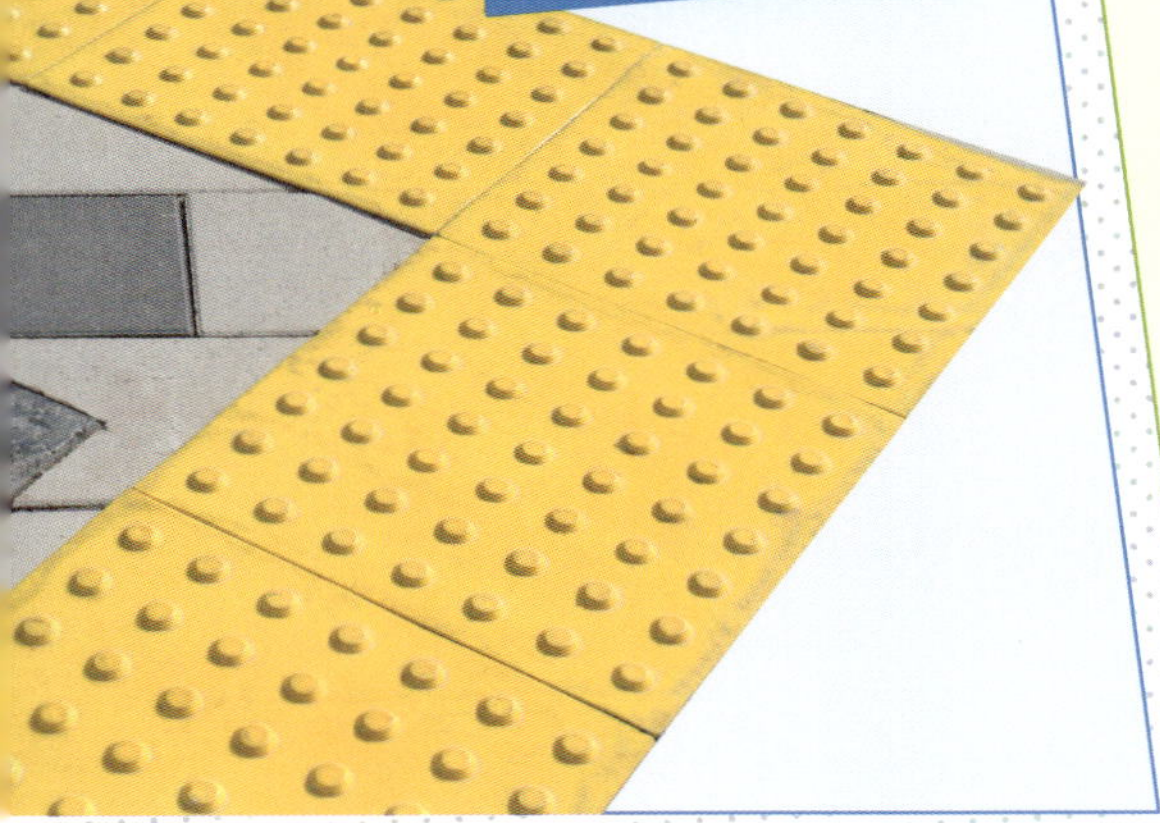

感情を伝える!

© NTT DOCOMO, INC.

絵文字

人の感情やアイテムをシンプルなイラストで表した絵文字は、文字のみのやり取りの中で、誤解なく相手に気持ちを伝えることができるツールである。株式会社NTTドコモの携帯電話向けインターネットサービス「iモード」に搭載されたことで誕生した(1999年)。

主な発明年表

時代	年代	主な発明	年代	世界のできごと
先史・古代	紀元前3500年頃	土器づくりに利用されていた「車輪」が運搬用に利用される		
		エジプトで「パピルス」が発明される		
		メソポタミアで「楔形文字」が使用される		
	紀元前3000年頃	メソポタミアで「印章」が使用される	紀元前3000年頃	シュメール文明、エーゲ文明がおこる
		地中海で「ガレー船」が使用され始める		
		「そろばん」の原型がメソポタミアで使用される	紀元前2600年頃	インダス文明がおこる
	紀元前2300年頃	メソポタミアで「ガラス」が発明される		
	紀元前2000年頃	最古の「上下水道」がインダス文明のモエンジョ・ダーロで利用		
	紀元前1400年頃	ヒッタイトで「鉄器」の利用が広まる	紀元前1600年頃	中国最古の殷王朝が成立
	紀元前7世紀頃	リディア王国（現在のトルコ）で世界最初の貨幣が鋳造される	紀元前776年	古代オリンピック競技が開催
	紀元前3世紀頃	筆写材料として動物の皮を使った「羊皮紙」が利用され始める	紀元前272年	イタリア半島がローマに統一される
	紀元前45年	ローマで「ユリウス暦」が誕生	紀元前27年	ローマ帝国が誕生
	1~2世紀頃	インド北西部のガンダーラ地方で「仏像」づくりが始まる	100年頃	ローマ帝国が最大版図になる
	105年	蔡倫が「紙」の製法を改良する	226年	ササン朝ペルシア建国
	2世紀	プトレマイオスが経度と緯度を示した「世界地図」をつくる		
	4世紀前半	初の国際基軸通貨「ソリドゥス金貨」が流通	538年	日本に仏教が伝来
	5世紀頃	インドで「ゼロ」が発明される	630年	日本で遣唐使が始まる
中世	10世紀	中国（宋）で「紙幣」（交子）が誕生	962年	神聖ローマ帝国が誕生
	11世紀	中国（宋）で「火薬」の利用が広まる	1096年	十字軍運動が始まる
		中国（宋）で「活版印刷」が発明される		
		中国（宋）で航海用に改良された「羅針盤」が使用される	1206年	チンギス・ハンがモンゴル高原を統一
	13世紀	老眼用の「眼鏡」が登場する	1303年	アナーニ事件
	14世紀	中国で算盤（スワンパン）が登場する	1309年	教皇のバビロン捕囚
		ヨーロッパの戦争に「大砲」が登場する	1339年	英仏百年戦争が勃発

時代	年	出来事	年	出来事
近世	15世紀	8世紀頃に発明された「砂時計」が大航海時代に活用される	1348年	黒死病が蔓延する
		航海に適した「キャラック船」が登場	1492年	コロンブスが北米に到達する
		グーテンベルクが「活版印刷」を改良して普及させる	1517年	ルターの宗教改革
		点火式の銃である「マスケット」が登場	1519年	マゼラン一行の世界周航出発
	1569年	緯線・経線に対する角度の正しい「メルカトル図法」が登場	1521年	アステカ王国が滅亡
	1582年	ローマ教皇によって「グレゴリウス暦」が誕生	1562年	ユグノー戦争勃発
	1602年	オランダに世界初の「株式会社」（オランダ東インド会社）が誕生	1581年	オランダ独立宣言
	1605年	世界初の「週刊新聞」が創行される	1600年	関ヶ原の戦い
	1608年	リッペルスハイが「望遠鏡」をつくる	1602年	オランダ東インド会社を設立
	1652年	ロンドンに「コーヒーハウス」が開店	1603年	徳川家康が江戸幕府を開く
	1675年	揺れに強い小型の時計「懐中時計」が登場	1651年	イギリスで航海法が定められる
	17世紀	イギリスで海運業者向けの「生命保険」が誕生	1688年	イギリスで名誉革命が起こる
18世紀	1712年	世界初とされる「ニューコメンの蒸気機関」が誕生	1689年	イギリスで「権利の章典」が発表される
	1733年	「飛び杼」が登場し、作業能率が大幅に上がる		
	1756年	近代コンクリートの原型である「水硬セメント」が誕生	1732年	北米に13植民地が設立
	1764年	糸車を改良した「ジェニー紡績機」が登場		
	1769年	ニューコメンの蒸気機関を改良した「ワットの蒸気機関」が誕生		
	1779年	紡績機の改良が進められ「ミュール紡績機」が登場	18世紀後半	イギリスで産業革命が始まる
	1783年	「気球」による世界初の有人飛行が成功	1776年	アメリカ独立宣言
	1796年	イギリスで牛痘からつくった天然痘の「ワクチン」が誕生	1789年	フランス革命が起こる
19世紀	1804年	フランスで缶詰の元となる「びん詰」が誕生		
	1807年	蒸気機関を使用した「蒸気外輪船」が登場	1801年	グレートブリテン及びアイルランド連合王国が成立
		初の実用的な蒸気船である「クレアモント号」が登場	1804年	フランスでナポレオンによる第一帝政が始まる
	1810年	イギリスで「ブリキの缶詰」が登場	1806年	神聖ローマ帝国が消滅
	1825年	イギリスで世界初の「鉄道」ロコモーション号が誕生	1814年	ウィーン会議
	1837年	モールスが「モールス符号」を考案		
	1839年	実用的な写真技術「ダゲレオタイプ」が発表される		

19世紀

年代	主な発明	年代	世界のできごと
1849年	鉄筋とコンクリートを組み合わせた「鉄筋コンクリート」が誕生	1848年	ヨーロッパ各国で革命運動が起きる
1852年	蒸気機関を搭載した「飛行船」が登場	1851年	ロンドン万国博覧会が開催される
1855年	アメリカで缶詰を開けるための「缶切り」が誕生	1853年	クリミア戦争が始まる
1859年	アメリカで「石油」の採掘に成功	1858年	ムガル帝国滅亡
1860年	スワンが「白熱電球」を発明		
1866年	ノーベルが「ダイナマイト」を発明	1861年	アメリカで南北戦争勃発
1869年	世界初の「大陸横断鉄道」がアメリカに敷かれる	1863年	アメリカで奴隷解放宣言がされる
1870年	世界初のプラスチックである「セルロイド」の実用化に成功	1867年	日本初参加となるパリ万博
1874年	レミントン社から世界初の実用的な「タイプライター」が登場	1869年	スエズ運河開通
1876年	ベルが世界初の「電話機」を発明	1871年	ドイツ帝国が成立
1877年	エジソンが「蓄音機」を発明	1877年	イギリス領インド帝国成立
1879年	ドイツで世界初の「電車」が登場する		
1883年	世界初の「ガソリンエンジン」が誕生	1884年	アフリカ分割に関するベルリン列国会議が開かれる
1884年	「マシンガン」（全自動機関銃）が発明される		
1886年	ベンツにより「ガソリン自動車」が誕生	1888年	切り裂きジャック事件が発生
1891年	電話の接続を機械化した「自動電話交換機」が誕生	1894年	日清戦争
1895年	リュミエール兄弟が映画装置の「シネマトグラフ」を開発		フランスでドレフュス事件が起こる
	レントゲンが「X線（レントゲン）」を発見する	1895年	下関条約
	イタリアのマルコーニによって「無線電信」が発明される		
1898年	キュリー夫妻が「ラジウム」の発見を発表	1898年	イギリスとフランスの間でファショダ事件が起こる
1903年	ライト兄弟が「飛行機」による有人飛行に成功	1902年	日英同盟が成立
1904年	フレミングが「真空管」を発明	1904年	日露戦争
1907年	汎用的プラスチック「フェノール樹脂」が実用化される	1905年	第一次ロシア革命
1913年	ハーバーが「窒素肥料」の技術を発明する	1911年	辛亥革命が起こる

時代	年	出来事	年	出来事
20世紀前半	1916年	イギリス海軍が「戦車」を開発	1914年	第一次世界大戦
	1926年	ゴダードが世界初の「ロケット」の打ち上げに成功	1922年	ソヴィエト社会主義共和国連邦が成立する
		高柳健次郎がブラウン管を使った「テレビ受像機」の開発に成功	1929年	ウォール街の株価暴落、世界恐慌が起こる
	1927年	音声のついた映画「トーキー」がアメリカで実用化		
	1928年	イギリスで「ペニシリン」が発見される	1939年	第二次世界大戦
	1945年	アメリカが広島と長崎に「原子爆弾」を投下	1945年	広島・長崎に原爆が投下される
	1946年	現代型の「コンピュータ」が開発される		第二次世界大戦終結
	1948年	アメリカのベル研究所で「トランジスタ」が発明される		アメリカとソ連による冷戦が始まる
	1949年	「原子時計」が誕生し、国際的な1秒の長さが定義される	1949年	NATO発足
20世紀後半以降	1950年	アメリカで「クレジットカード」が誕生		
	1953年	日本で「テレビ放送」が開始		
	1957年	ソ連が世界初の人工衛星「スプートニク1号」の打ち上げに成功	1955年	ワルシャワ条約機構が成立
	1961年	ソ連が人類初の有人宇宙飛行を成功させる	1962年	キューバ危機が起こる
	1964年	日本で「新幹線」が開業する		
	1969年	日本で世界初の「クオーツ式腕時計」が発売		
	1972年	アメリカで家庭用ゲーム機「オデッセイ」が発売される	1973年	第一次石油危機が発生
	1977年	「AppleⅡ」が発売される		
	1981年	世界で初めて商業用の「デジタルカメラ」が販売される		
	1983年	「ファミリーコンピュータ」が発売される	1989年	
		モトローラから世界で最初の「携帯電話」が発売される		ベルリンの壁が崩壊、翌年ドイツが統一される
	1989年	「ワールド・ワイド・ウェブ（WWW）」が発明される	1991年	湾岸戦争が始まる
	1993年	「GPS」の運用が開始		米ソ戦略兵器削減条約に調印
	2007年	アップル社が「iPhone」を発表	2020年	アメリカ同時多発テロが発生
	2020年	世界で初めて「mRNAワクチン」が実用化される		コロナウイルス感染症が世界で大流行する

さくいん

見開き内で同じ用語・人名が登場する場合は初出ページを記載